가정은 축복의 통로

가정은 축복의 통로

박동명 著

한국학술정보(주)

머리말

　가정은 하나님께서 우리에게 주신 최고의 선물이며 행복의 울타리다.

　가정 이야말로 웃음과 기쁨으로 넘쳐야하고, 가정을 통해 하나님께서 주시는 축복을 받아야 할 통로가 되어야 한다. 상처 난 가슴을 싸매주는 곳, 함께 울고 웃을 수 있는 곳, 바로 그곳이 가정이다. 그곳은 위로를 받고, 용기를 얻으며 어떤 고난도 견딜 수 있는 힘을 생기게 하는 발전소이기 때문이다.

　그런데 요즘 우리 가정이 심각한 위기를 겪고 있다. 이혼, 가정폭력, 아동학대, 자살 등으로 얼룩지고 있으며, 가정에서 아버지와 어머니의 역할이 상실되어 가고 있다. 아이들은 가정에서 받아야 할 사랑과 관심에서 멀어져 가고 있고 부부는 부부대로 상처를 받고 있다. 그야말로 우리 가정이 총체적 위기를 맞고 있으며, 가정을 치유하고 회복하기 위한 노력은 좀처럼 찾아보기 힘들다.

　이런 의미에서 일에 중독되어 있는 아버지가 자신의 사명을 인식하고 아버지로서의 영성을 회복하게 해야 한다. 그리고 가정에 웃음이 넘치도록 해야 하고,

청년이 꿈을 꾸고 환상을 보며, 소외당하는 이웃들과 함께 나누는 삶을 실천하게 하는 일이 중요하다.

특히 사회 경제적으로 주5일근무제가 도입되면서 교회의 역할이 달라지고 있고 가정생활에도 패턴이 달라지고 있다. 교인의 '삶의 질'을 개선하려는 움직임이 일어나 신앙생활에 활력을 넣으려는 바람이 일고 있다.

이러한 흐름에 주목하여, 저자는 지난 5년간 기독교신문에 연재한 칼럼을 모아 가정의 중요한 의미를 깨닫는 계기가 될 수 있게 본서를 출간하게 되었다.

본서를 출간하면서 늘 기도해주시고 저자의 신앙을 지도해 주신 나정대 목사님(신창교회), 기독교호남신문 장성길 목사님, 그리고 출판을 허락해 주신 한국학술정보(주) 채종준 사장님과 관계지 여러분께 머리 숙여 감사드린다. 또한 원고 교정에 참여한 숙명여자대학교 국문학과 정다영 양에게도 이 지면을 빌어 고마움을 전한다.

　본서를 접하는 모든 사람들이 가정을 통해 에덴동산의 아름다운 행복을 회복하며, 하나님의 사랑과 평안이 함께 하길 기대한다.

2007. 4.
저자 박동명

목 차

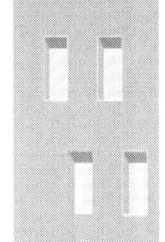

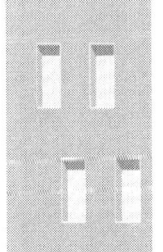

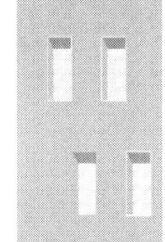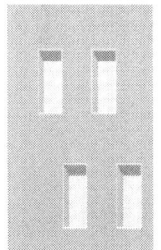
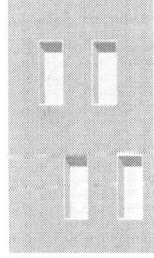

제1장

가정은 축복의 통로다

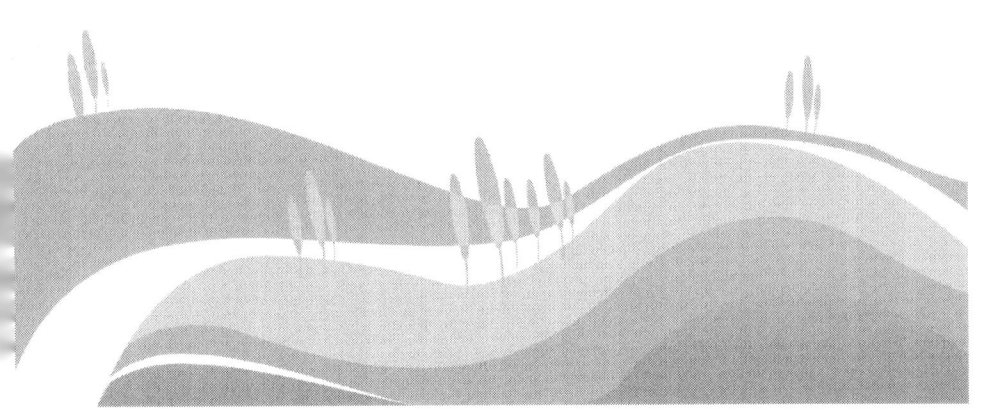

1. 혼인은 신성하다

가정의 소중함과 일부일처제 존중하고
하나님의 창조섭리에 따라 교육 필요해

결혼시즌이라고 할 수 있는 가을이 다가오고 있다. 인생에서 결혼만큼 중요하고 의미 있는 사건은 없을 것이다. 결혼을 통해 가정이 세워지고, 가정에 생활의 보금자리가 만들어지며, 가정이 기초가 되어 사회를 이루게 된다. 또한 가정에서 삶의 활력소를 얻기도 하며, 가족들이 기쁨과 슬픔을 함께 나누면서 희망을 갖게 되기도 한다. 그래서 남녀가 혼인을 맺어 사랑과 생명의 공동체를 이루는 가정은 참으로 중요하다.

그런데 미국의 국제문제 전문지 포린 폴리시 최신호는 앞으로 35년 이내에 사라질 것으로 보이는 사상·가치·제도를 열거했는데, 그중에 필자의 눈을 의심케 하는 것이 "35년 내에 일부일처제가 없어진다"는 내용이었다. 이런 예측을 한 사람들은 프랑스의 미래학자 자크 아탈리와 리처드 하스 미 외교협회장, 신학자 하비 콕스 등 각계 사상가 등이었다.

그들의 주장에 의하면, 일부일처제(一夫一妻制)는 자유화의 물결과 수명이 연장됨에 따라 한 사람과의 연애에 만족하지 않고, 남녀는 각각 동시에 여러 명의 연인을 갖는 형태로 옮겨갈 것이라고 한다. 그야말로 여러 명의 연인(multiple partners)을 갖게 되는 현실이 다가오게 될 것이라는 예측이다.

요즘 독신생활을 즐기는 사람이 늘어나고, 이혼이 증가하고 있으며, 이에 따라 다양한 가족형태가 출현하고 있다. 그렇지만 우리 사회에서 양보할 수 없는 제도는 일부일처제라고 할 수 있다. 과연 일부일처제가 멸종될 위기에 놓여 있다면, 교계는 어떤 대책과 논의를 시작해야 할까?

사이버상에서 청소년들이 결혼식을 하기도 한다고 한다. 물론 이것은 법적 구속력은 없지만, 사이버상에서 인터넷 머니로 청첩장도 보내고, 남녀 예복을 구입하는 것은 물론이며, 친구들로부터 축하도 받았다고 하니, 어안이 벙벙할 노릇이다.

이제 교계는 특단의 대책을 세워야 한다. 중고교 시절부터 혼인에 대한 신성함을 강조하고, 혼인 제도를 통해 우리 인간이 얻는 행복과 기쁨을 알도록 해야 한다. 하나님의 창조섭리에 따라 엄격한 교회 교육을 실시해야 하고, 목회자 역시 이런 교육에 막중한 책임을 느껴야 한다. 우리 민법에서도 일부일처제를 혼인의 근본제도로 채택하고 있으며, 만일 이런 제도가 무너지게 될 때 우리 사회에 엄청난 혼란을 야기하게 될 것이다.

교계는 청소년들과 결혼을 앞둔 예비부부들에 대한 교육을 강화해야 한다. 가정의 소중함을 강조해야 하며, 올바른 가치관을 형성할 수 있도록 각종 프로그램을 개발해야 할 것이다. 단란하고 화목한 기독교 가정을 배출하여 사회가 건전하게 발전할 수 있도록 해야 할 것이다.

2. 아이의 강점에 주목하자

> 하나님께서 주신 재능을 발견해야 한다.
> 강점은 강화시키고 약점은 보완하게 해야

우리 사회는 자녀에게 관심이 많다. 자신의 교육수준이나 경제력에 비해 자녀는 훨씬 높은 교육과 경제력을 확보하길 원한다. 그래서 부모는 각별한 애정으로 자녀를 돌보게 되는데, 그만큼 아이들이 힘든 생활을 하게 되기도 한다. 이것은 큰아들 찬웅(초교 6년)이와 작은 이들 태웅(초교 3년)이도 예외는 아니다. 학교에 갔다 돌아오면 여느 아이들처럼 영어, 수학은 물론 한자, 논술 등을 하면서 녹초가 될 정도라고 한다.

나는 아빠로서 아이들에게 어떤 역할을 해야 할지에 대해 관심이 많다. 일상생활중에 시간의 소중함을 알려주고 가난하고 소외당한 사람들과 함께 하라는 얘기를 많이 한다.

며칠 전에는 큰애가 학교에서 돌아와 엄마와 하는 얘기를 들었다. "학급에서 성적이 제일 낮은 아이와 누가 함께 짝꿍 할래?"라고 담임선생님이 물었을 때, 찬웅이가 기꺼이 손을 들고 "그 애와 함께 앉고 싶다"고 말했다는 것이다. 다른 애들이 모두 그를 싫어하고 공부도 못한다며 함께 앉기를 싫어하는데, 찬웅이가 자진해서 그에게 다가가 공부를 도와주고 친구가 되어주겠다고 했다는 것이다. 다른 친구들이 무관심한 아이에게 찬웅이가 다가가서 그 아이와 함께 앉아 그 애의 고민을 들어주겠다는 마음이 얼마나 기특한가?

내가 가정예배를 드릴 때, 언젠가 다른 사람을 위한 삶을 살라고 아들에게 말한 적이 있었다. 아들이 아마 그걸 실천하고 있는 모양이다. 그리고 자신이 다른 사람의 행복을 위해 함께할 수 있다는 점을 의미 있게 받아들이고 있는 것 같다.

내가 아들에게 들려주는 말이 있다. 너를 향한 하나님의 뜻이 매우 크고 놀랍다고, 그래서 우리 부모는 너를 믿는다고. 아들은 이 말을 들을 때 매우 힘을 얻는 모양이다.

우리 가족은 저녁을 먹고 아파트 뒷산의 산책길을 산책하곤 한다. 아이들은 산책을 하면서 여러 가지 고민과 일상 얘기를 하는데, 작은애는 유난히 아빠와 산책하기를 좋아한다. 아빠와 함께 손을 잡고 걷고 달리기도 하며, 얘기를 나누는 일이 즐거운 모양이다.

나는 아이들의 강점(强點)에 주목하고 있다. 큰애는 대체로 다른 사람의 아픔을 잘 이해하고, 리더십이 뛰어난 것 같다. 작은애는 그림그리기를 잘하며, 암기력이 뛰어나다. 나는 아이의 강점과 약점을 계속해서 발견하고자 한다. 강점과 약점을 찾아내서, 강점은 강화시키고 약점은 보완하거나 피해갈 수 있도록 도와주는 일은 매우 중요하다고 본다. 사실 재능, 지식, 기술을 모두 찾아야 하겠지만, 나는 이 세 가지 중에서 하나님께서 주신 재능(才能: talent)을 발견하는 것이 중요하다고 생각한다.

3. 고난은 내게 유익이라

> 가난함을 하나님의 선물로 받아들이고
> 지혜롭고 아름다운 삶을 살게 하자

모든 사람이 부자가 되기를 원한다. 한때 우리 안방에 울려 퍼진 "부자~ 되세요"라는 카피처럼 배운 사람, 건강한 사람, 게으른 사람, 젊은이, 늙은이 등 남녀노소 할 것 없이 모든 사람이 부자만을 원한다. 부자가 되면 행복할 것 같기 때문이다. 솔직히 말하면, 나도 부자가 되고 싶고, 부자가 되어 베푸는 삶을 살고 싶다. 내 아들은 작년까지만 해도 장래희망이 박사요 대학교수였는데, 이제는 돈 많이 버는 사람, 부자가 되고 싶단다. 그런데 나는 아무리 기도를 하고, 하나님께 애원을 해도 부자가 되질 않는다. 자만한 소리가 될지도 모르겠지만, 나는 우리 사회의 중산층 정도의 학력과 경험을 가지고 있어 열심히 노력한다면 부자가 되는 것이 순리일 텐데 현실은 그렇지가 않다. 어떤 때에는 세상이 참 불공평하다고 푸념을 하기도 한다.

아마 하나님께서는 나에게 가난함을 선물로 주신 것 같다. 어떤 사람의 고백처럼 지혜를 가질 수 있도록 하나님께서 그렇게 하신 모양이다. 그래서 이젠 부자만 되려고 발버둥치지 않기로 했다. 나에게 주어진 삶을 감사하고, 선물 받은 삶을 최대한 존중하며 살아가는 것이 좋을 듯싶다.

가난으로 고통 받는 자여! 이제 더 이상 괴로워하거나 슬퍼하지 말기를 바란다. 세상에 가난과 질병과 각종 어려움으로 고통 당하는 이들을 바라보자. 가난하지만 이웃을 돌아보는 삶을 살자. 앞만 보고 달려가지 말고 옆을 바라보고, 때때로 뒤도 바라보자. 그래서 쓰러져 신음하는 이웃에게 따스한 손길을 내미는 사람이 되어 보는 것이 어떨까?

얼마 전 미국 남부지역에서는 허리케인 카트리나로 인해서 수많은 인명피해는 물론 재산피해를 당했다고 한다. 높은 기온에다 모기가 들끓고, 곳곳에 시체가 물에 떠다니고, 악취 속에 오갈 데 없는 사람들이 뒤엉켜 있다고 한다. 많은 사람들이 엄청

난 재난 앞에 망연자실해 있다. 위대한 자연 앞에 과학을 발전시킨 인간은 너무나 약했고, 어떤 의미에서 이것은 자연을 무시한 인간의 교만을 깨뜨린 사건이라고도 할 수 있다.

이제 재해로 고통당하는 사람들을 찾아가야 한다. 교통사고, 산업재해 등으로 우는 사람들을 비롯하여, 가정이 파괴되어 울부짖는 아이들, 그리고 미국의 재해현장에서 고통당하는 사람들을 가슴에 안아야 할 것이다. 우리의 기도가 그곳을 찾아가고, 마음과 물질이 그곳을 향했으면 좋겠다.

특히 영적 지도자들이 정말 예수의 심정으로 그들을 향해 손을 내밀고, 모범을 보여야 할 것이다. 예수님이 본을 보였듯이 낮아지고 섬기는 삶을 교회에서 올바르게 가르치자. 지금도 내 곁에서 하찮은 나의 기도를 기꺼이 들어 주시는 하나님을 기억하자. 내가 세상에서 가장 축복받은 사람이고, 사랑받기 위해 태어난 존재임을 잊지 말자.

4. 상처 난 가정을 치유하라

신혼 때 파경을 맞는 부부가 소송이혼의 절반
예수님의 치유를 통한 건전한 가정 유도해야

가정이 병들어 가고 있다. 부부가 파경을 맞고 있으며, 가정마다 소망을 잃어 못살겠다고 아우성들이다. 그래도 가정의 출발은 서로 신뢰를 바탕으로 하여 이루어지며, 부부는 가정의 행복을 만드는 축복의 통로라고 할 수 있다. 그런데 부부가 희망을 잃고 파경을 맞는 부부가 늘어가고 있나고 하니, 가정을 치유하는 일에 교회가 나서지 않으면 안 될 시기가 되었다.

통계가 말해 주듯이 2003년에도 총 이혼 건수가 증가한 가운데 결혼 3년이 채 안 돼 파경을 맞는 부부가 '소송 이혼'의 거의 절반(46.2%)을 차지하고 있다고 한다. 이것은 결혼 전에 예비부부들의 교육이 얼마나 중요한지를 시사해 주는 대목이기도 하다.

교회는 이혼의 원인을 면밀히 관찰할 필요가 있다. 이혼소송의 원인(민법 제840조)으로 배우자의 부정행위(不貞行爲)가 46.7%로 가장 많고, 본인에 대한 부당한 대우(27.1%), 동거·부양의무 유기(9.0%), 직계존속에 대한 부당한 대우(6.2%) 등의 순서를 차지하고 있다. 이는 배우자의 불륜(不倫)과 부정(不貞) 문제에 교회가 개입하여 이를 치유하고 회복하는 역할이 얼마나 중요한지를 보여주고 있다.

여기서 부정행위란, 배우자 이외의 다른 이성 간의 간통뿐만 아니라, 다른 이성과 포옹하는 것, 한방에서 다른 배우자와 밤을 지새우는 것, 사창가에 출입하는 것, 성병을 감염시키는 행위 등을 모두 포함하여 법원은 부정행위를 광범위하게 판단하고 있는 실정이다.

교회는 부부간의 이혼에 대한 시각을 바꿔나가야 한다. 부부간의 이혼을 단지 부부 당사자 간의 '사적'인 문제로 이해하기보다는 '사회적'인 차원의 접근이 필요함을 인식해야 한다. 그리고 교회가 이런 부부간의 이혼에 적극 대처해야 한다.

그런 의미에서 가정의 불화와 부부간의 갈등을 해소할 수 있는 장치를 교회 내에 마련해야 할 것이다. 배우자 간의 갈등의 요인이 될 수 있는 요소를 찾아내고, 이를 대화로써 해소하며 가정의 고난을 극복할 수 있는 인내력도 키워주어야 할 것이다. 한편, 교계와 기독교 대학에서는 가정사역을 담당할 전문사역자를 양성하도록 해야 한다. 또 가정문제를 상담할 전문상담가도 교회에 배치해야 할 것이며, 가정의 상처를 치유할 수 있는 '세미나'나 '결혼예비학교' 등도 마련해야 할 것이다. 그래서 교회는 병들고 웃음이 사라져가는 가정에 희망의 메시지를 전달하고, 예수님의 치유를 통한 건강한 가정이 되도록 유도해야 할 것이다.

제2장

아버지가 살아야 가정이 산다

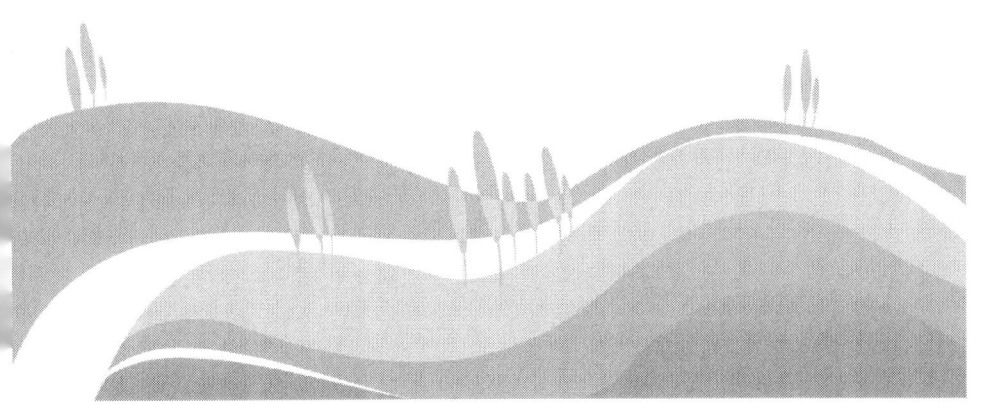

1. 주님! 제가 아버지입니다.

아버지의 영향력과 사명을 인식할 때
마음의 상처가 치유되는 기쁨을 누린다.

어김없이 5월 '가정의 달'이 되었건만 사랑이 넘쳐야 할 많은 가정들이 위기에 몰려 있다는 통계다. 부부간의 상처로 인해 이혼이 늘어나고, 자녀들은 부모의 관심에서 벗어나 있다. 맞벌이 부부가 늘어나면서 자녀에 대한 관심보다는 경제활동과 가계소득에 더 많은 관심이 있다. 그리하여 가정이 병들어가고 있는 실정이고, 갈등과 무관심, 상처로 얼룩져 있다는 것이다. 특히 가정 내의 아버지가 가장(家長)의 권위만을 강조하여 군림하는 경우가 많아 부부간의 문제는 물론 자녀와의 관계가 원만치 못한 경우가 많다.

그런데 이런 위기를 극복하고 자신이 '아버지'로서의 역할을 배우고 실천하는 노력은 흔하지 않는 것 같다.

얼마 전 나는 아버지들이 모여 '좋은 아버지'가 되기 위해 공부하는 모임에 간 적이 있다. 그곳에서는 아버지들이 가정에서 영적(靈的) 영향력을 발휘하고 날마다 자녀와 아내를 섬기는 삶을 살고자 노력하고 있다. 육신의 아버지에게서 받은 상처를 치유 받고 용서하며, 또 자신이 아버지로서 자녀에 대한 사랑을 실천하려고 한다. "자녀가 사랑스런 이유"와 "아내가 사랑스런 이유" 등을 써서 자녀와 아내에게 각각 읽어주며 데이트도 한다. 바로 이곳이 일명 '두란노아버지학교'다.

나는 아버지학교 관리스텝으로 참여하면서 그들이 영적 영향력을 가진 사람으로 살아갈 수 있도록 하는 데 동참하였다. 그곳은 "주님! 제가 아버지입니다"라는 고백이 넘쳐난다. 아버지의 영향력, 아버지의 남성, 아버지의 사명, 아버지의 영성이라는 주제로 매주 강의를 듣고 각 조별로 서로의 생활을 나눈다. 또 아버지에게, 아내에게, 자녀에게 쓰는 편지 숙제와 여러 가지 예식을 행하게 되고, 마지막 5주차 수료식 때는 아내와 함께 참여해서 수료식을 하게 된다.

나는 이 프로그램에 참여하는 아버지들이 놀라운 삶의 변화를 경험하며, 자신이 살아왔던 삶을 고백하면서 깊은 감동을 받는 모습을 지켜봤다.

이렇게 아버지들이 새로운 변화와 영향력 있는 삶을 살 수 있도록 나는 더욱 많은 남성(아버지)들이 이곳에 참여하기를 기대한다. 그리고 '아버지학교'뿐만 아니라, '어머니학교', 결혼을 앞둔 '결혼예비학교' 등이 더욱 활성화되길 소망한다.

아울러 기독교계는 가정의 문제와 그 회복에 대해 깊은 관심을 가져야 한다고 본다. 아버지, 어머니, 남편, 아내, 자녀들이 서로에게서 받은 상처를 치유하고 회복되도록 해야 한다. 이렇게 될 때 가정과 교회가 부흥되고 이 땅에 하나님의 나라가 건설될 수 있을 것이다.

2. 부모의 친권도 상실될 수 있다

> **자녀를 가혹하게 징계하면 친권 박탈가능**
> **아버지의 영적 권위 회복이 우선 되어야 한다.**

하나님을 섬기는 사람들은 하나님의 보호하심 아래 놓여있고, 하나님의 보호와 사랑은 어느 누구도 끊을 수가 없다는 것이 성서의 입장이다. 그래서 부모의 은혜와 사랑은 바다보다 깊고 하늘보다도 높다고 강조한다. 참으로 부모의 사랑은 고결한 것이다.

그런데 이제 자녀들의 목소리가 커지고 있다. 부모가 자신을 낳았기 때문에 남들처럼 교육을 시켜달라고 하고, 심지어는 자신의 눈이나 코를 고치고, 몸매를 가꾸어 인기 드라마 탤런트처럼 성형수술을 시켜달라고 주장한다. 자신의 얼굴이 못생긴 것은 부모에게 책임이 있다면서 성형수술비용을 요구하기도 한다.

그러나 이런 자녀의 주장은 법적으로 온당하지 못하다. 왜냐하면 자녀의 터무니없는 성형수술비용의 요구는 부모가 해결해야 하는 친권의 범위를 벗어나기 때문이다. 외국 유학비용이나 성형수술비용은 부모의 친권범위에서 벗어난다는 것이 법원의 입장이다.

그러면 여기서 친권의 내용을 좀 더 구체적으로 살펴보기로 한다.

친권(親權)은 부모가 자녀를 '보호하고 교양'하는 권리이자 의무를 말한다. '보호'라는 것은 주로 자녀의 신체를 돌보아 주는 것이고, '교양'은 정신의 발달을 도모하는 것을 말한다. 친권자는 자신의 자녀를 정신적 · 육체적인 측면에서 건전한 인간으로 육성할 책임을 지는 것이다.

부모가 가지는 친권의 내용으로는 거소지정권, 징계권, 자녀의 특유재산관리권 등이 있다. 즉, 자녀를 일정한 장소에 거주하도록 지정할 수 있고, 자녀를 교양하기 위해 필요한 징계를 할 수 있다. 그리고 이러한 자녀에 대한 부모의 징계가 부모단독으로 어렵고 한계에 부딪치는 경우는 부모가 '감화기관 또는 교정기관'에 자녀의 징계를 위탁할 수도 있다. 자녀가 자기의 명의로 취득한 재산은 그 자녀의 특유재산으로 인정되고 친권자가 이

재산을 관리할 수 있다. 이처럼 자녀를 사랑으로 보살피고 양육하는 것은 일반적인 부모에게 있어서는 당연한 것이다.

한편 우리나라 법률에서는 부모의 친권행사를 인정하지만, 친권을 상실하게 하는 제도를 마련하고 있다. 친권자에게 '친권남용이나 현저한 비행' 등의 사유가 있을 때, 일정한 절차를 거쳐 친권자의 친권을 박탈할 수 있다(민법 제924조).

예를 들어, 친권자가 자녀를 가혹하게 징계하는 경우나 자녀의 재산을 자기의 이익을 위하여 처분하는 경우, 또 부(父)의 방탕, 상습적인 도박, 과부인 모(母)가 사통(私通)으로 사생자를 해산하는 경우 등은 친권상실의 원인이 된다. 부모의 친권상실에는 법원이 관여하게 되고, 친권상실선고는 친족이나 검사가 법원에 청구할 수 있는 것이 현행법상의 규정이다.

자녀에 대한 양육은 법으로만 따지지 말고 하나님의 사랑과 훈계로 해야 할 것이며, 아버지의 영적 권위를 회복하는 것이 우선되어야 한다.

3. 위대한 그 이름, 아버지!

> 자식에게 위로 · 격려했던 아버지의 사랑
> 사회의 갈등 · 반목도 사랑으로 녹아져야

요즘 어느 카드회사 CM송의 대목이 내 머릿속을 떠나지 않는 다. 〈아버지는 말하셨지 인생을 즐겨라~ 웃으면서 사는 인생 자 시작이다~〉라는 간결한 리듬이지만, 힘들고 어려운 세상살 이에 편하게 웃어보자는 내용이다.

나에게 아버지는 무척 엄한 분이셨지만, 한편으로 항상 가족 의 안위를 걱정하시면서, 자신의 젊음과 꿈을 희생하셨던 분이 다. 나는 아버지를 떠올릴 때마다 죄송스러움을 금할 수 없다.

내가 젊은 패기로 고급 공무원시험에 도전하고 과도한 경쟁 속에서 중압감에 시달릴 때 위로와 격려를 아끼지 않으셨던 아버지이시다. 아버지는 실패할 때마다 용기를 주시고 새로운 목표를 향해 노력하게 해 주셨던 분이다. 자식의 영광을 위해서라면 자신의 고통과 희생을 감내하셨고, 자신의 모든 것을 양보하셨던 분이다.

내가 대학원을 졸업하여 박사학위를 취득하였고, 대학교수, 공무원으로 일하고 있지만, 아버지께서는 내가 좀 더 사회에 공헌하며 넉넉한 삶을 살기를 원하고 계신다. 며칠 전 교회 어떤 집사님께서 아버지께 양복 한 벌을 선물하셨지만, 그것마저도 아들에게 기꺼이 건네주셨던 분이시다.

아버지가 이제 70세가 되셔서 왜소한 뒷모습으로 나에게 다가오고 있다. 그러나 지금도 자신이 먼저가 아니라, 아들 우선이다. 나의 환경과 처지를 말씀드리지 않아도 아버지는 나의 얼굴표정 하나만으로 모든 것을 알고 계신다. 아버지의 한마디에 정말 나는 놀랄 때가 많다. 아무리 웃으면서 인사를 드려도 나의 얼굴 뒤에 숨겨진 그늘을 알고 계시기 때문이다. 가난한 아들을 향해 고통 받지 말고 편안하게 살기를 바라는 마음을 발견할 수 있다. 과거 우리나라 선비들이 꿈꾸었던 안빈낙도(安貧樂道)의 삶을 바라고 계신지도 모른다.

나는 여기에서 아버지의 은혜를 생각하지 않을 수 없다. 부모님으로부터 받은 은혜가 너무 높기만 하여, 그 끝이 없는 것 같다. 그래서 나는 지레 겁을 먹고 그 끝없는 하늘만 바라보며 은혜 갚기를 소홀히 하고 있는지도 모른다. 옛말에 '수욕정이풍부지(樹欲靜而風不止)하고 자욕양이친부대(子慾養而親不待)라'(나무가 고요하고자 하나 바람이 그치지 아니하고, 자식이 부모를 공양하고자 하나 기다려 주지 않는다)고 했다. 내가 어떻게 아버지께 진 빚을 갚을 수 있을까? 지금도 아버지께 효도 한 번 제대로 하지 못하고 있는 것이 가장 안타까울 뿐이다.

　아버지의 자녀사랑이 이러할 진대, 예수님의 사랑은 어떨까? 정말 사랑이라는 단어는 우리의 가슴을 뭉클하게 만든다. 아버지가 나를 사랑하셨듯이 우리 사회의 갈등과 반목이 지역, 계층, 세대를 뛰어넘어 우리 모두에게 사랑으로 녹아졌으면 좋겠다.

4. 예수를 닮은 여인, 어머니

좌절 가운데 용기와 희망을 주신 분
어머니 사랑은 항상 나를 꿈꾸게 해

인생에 여러 가지 의미 있는 만남이 있는데, 그중에서 나는 어머니와의 만남을 가장 소중하게 생각한다. 내가 기억하는 어머니는 어린 자식을 위한 기도를 쉬지 않으셨고, 연세가 67세이시지만 아직도 골방에서의 새벽 기도를 끊지 않고 세신다. 장성에 계신 어머니를 주일이면 교회에서 뵙지만, 어머니의 표정에서 삶의 깊이와 무게를 느끼고 있다. 지금까지 나를 성장시켜 주신 원동력이고, 인생의 향기를 불러일으켜 주시는 분이기 때문이다.

어머니는 농촌마을에 시집오셔서 아무런 빛도 없이 묵묵하게 자신을 희생하셨던 분이셨고, 어쩌면 우리는 이를 묵시적으로 강요하며 살아왔는지도 모른다. 그야말로 어머니는 순종, 절제, 겸손, 희생의 표본이며, 모성애 하나만을 앞세우며 살아 왔던 분이시다.

나는 어머니의 따스한 몇 마디의 조언이 귀에 생생하다. "동명아! 조금만 더 기다려라", "너를 향한 하나님의 사랑이 매우 크다", "동명아! 절대 용기 잃지 마라" 등등의 말씀 속에서 커다란 위로를 받는다. 내가 좌절과 실패를 경험하며, 인생의 험난한 길을 가고 있을 때에도 어머니는 절대로 좌절할 줄 모르시는 분이셨다. 젊은 시절 내가 준비한 시험에 낙방하여 실망하고 있을 때, 경제적인 고통 속에서 지쳐 있을 때, 하나님을 향한 열정마저도 식어져 버렸을 때, 주변 사람들이 그저 방관하고 있을 때, 어머니는 내게 다가와 따뜻한 위로와 격려를 아끼지 않으셨던 분이다. 내가 진로를 놓고 혼돈 상황에 처해 있을 때 하나님의 뜻을 분별할 수 있도록 지혜를 주기도 하셨다.

어머니의 희생이 없었다면, 현재 나의 모습은 기대할 수가 없다. 어머니는 생명의 잉태자요, 어떤 누구도 가지지 못한 예지와 생활력을 가지고 계신 분이라 할 수 있다. 예수님을 닮은 어머니, 그 분을 통해 예수님의 모습을 발견하곤 한다. 그렇지만 지금 나는 어머니를 제대로 모실 수 없는 환경이다. 어머니는 나에게 한없는 사랑을 주셨지만, 나는 아무것도 드리지 못하고 있다. 나는 그저 죄송스러운 마음으로 어머니께서 손수 따 주신 단감과 밤, 싱싱한 채소를 바라보고 있을 뿐이다.

우리 사회가 물질적인 풍요에 넘쳐 잠시 어머니의 사랑을 잊지 않았나 생각해 본다. 어머니의 삶과 사랑이 다른 사람이 보기에는 마치 하찮은 돌멩이에 불과할지도 모른다. 그렇지만 이런 돌멩이가 시냇가에서는 우리의 삶에 소중한 징검다리가 될 수 있다. 어머니는 나의 인생문제를 풀어가는 작은 징검다리였다고 생각한다. 과거처럼 어머니에게 헌신과 사랑만을 강요할 수 없는 시대가 되었지만, 어머니와의 만남은 항상 나에게 꿈을 꾸게 하고 있다.

제3장

자녀의 창의력을 키워라

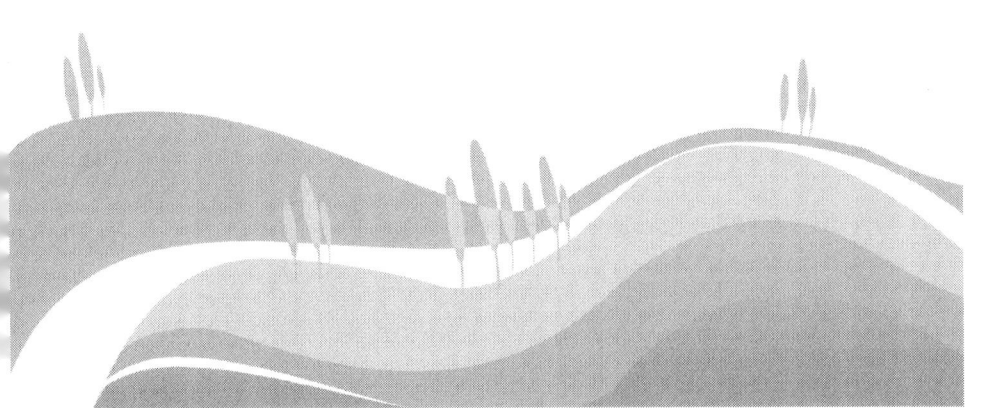

1. 창의력을 가진 인재로 키워라

사회적 약자를 이해하며 조력하는 인재 필요
교회는 창의성 있고 역동적인 인재 육성해야

요즘 기업의 채용관행이나 고용조건이 크게 변하고 있다. 구직자들은 취업하기가 힘들다고 하지만, 막상 인사채용담당자들은 인재가 없다고 하소연하기도 한다. 기업이나 국가에서 요구하는 인재는 종합적인 사고력과 창의성이 있고, 거기에다 풍부한 현장경험이나 사회봉사경력을 가진 사람인 것 같다.

예전에는 인재를 채용할 때 학벌, 학점, 토익 점수 좋은 인재가 각광을 받았고, 미국 MBA(미국의 경영학 석사학위) 출신이 당연 1순위이었는데, 요즘에는 상황이 변했다는 것이다. 오히려 신입사원 채용 시 기피대상으로 유학파 MBA 출신, S대 출신, 강남 부유층 출신이라는 비아냥거림도 있다.

지난해 하반기 있었던 어느 대기업 신입사원 공채에서는 박사·공인회계사·노무사 등 전문 자격증 소지자들이 대거 탈락하기도 했다. 아마 박사나 전문 자격증 소지자들이 직장에서 오래 견디지 못하는 경향 때문이 아닌가 싶다. 그래서 최근에는 각종 공모전에서 수상한 경력, 사회봉사 활동사항, 인턴 또는 업무 경험 등을 원하고 있으며, '간판이나 형식'보다는 '내용과 실질'을 중시하고 있는 흐름이다.

이런 현상은 교회에서도 마찬가지라고 생각한다. 온실 내의 화초처럼 연약함만을 드러내는 인재가 아니라, 사회에 적응하며 각종 스트레스나 어려움을 견디고, 더 나아가 이웃과 함께 아픔을 나누며, 예수님의 사랑을 실천하는 결단력 있는 인재가 필요하다.

어려움에 처한 장애인, 실업자, 미혼모, 이혼여성, 외국인노동자, 가정폭력피해자 능 사회적 약자의 부르짖음에 귀를 기울이는 '가슴이 뜨거운 인재'가 필요하다고 생각한다. 이러한 인재가 한국사회와 교회에 필요한 인재이며, 장차 우리 사회를 새롭게 변화시킬 일꾼일 것이다.

나는 구직을 위해 시름에 잠겨 있는 청년들에게 좀 더 냉철한 자기반성과 함께 희망을 가져야 한다고 생각한다. 비록 학점이 낮고 토익점수가 좋지 않을지라도 뜨거운 가슴으로 예수님의 사랑을 실천하는 인재가 되어야 한다고 주장하고 싶다.

한편 기독교계는 한국 젊은이들이 신앙으로 무장하고 사회 적응력을 높여가며 위기 대처능력이나 사회를 변화시킬 수 있는 교육방법을 강구해야 한다. 변화되는 채용관행이나 시대 흐름에 대처하면서 취업에 성공할 수 있는 희망을 제시해야 한다.

과연 예수님처럼 이웃을 사랑하며, 그들을 위해 눈물 흘리고 창의성을 발휘할 수 있는 역동적인 인재를 찾아볼 수 있을까.

2. 신앙교육에 대한 안전망을 구축하라

> 불신앙 대물림 막는 장치 필요
> 소그룹 신앙공동체 활성화돼야

　최근 서울 어느 명문대학에서는 대학생들이 대학 인근 저소득층 초·중·고생들에게 무료로 과외를 해주는 멘토링(mentoring·개인지도) 프로그램을 시행하기로 했다고 한다. 대학생이 1인당 3~4명을 맡아 주 2회씩 공부를 가르치고, 대학은 이 프로그램에 참여하는 학생에게 교육실습이나 봉사활동 학점을 인정해 준다는 것이다. 이는 사회계층 간의 교육격차를 해소하기 위한 노력의 일환이라고 볼 수 있는데, 자발적으로 학생들이 봉사활동을 하는 것이기에 학습효과도 상당히 높을 것이고 저소득층 학생들에게는 큰 힘이 될 것이다.

원래 '멘토(Mentor)'란 현명하고 신뢰할 수 있는 지도자 등을 일컫는 말이다. 대학생이 멘토가 되어 멘티(Mentee)인 저소득층 학생의 개인적인 후원자, 교사, 코치, 상담자의 역할을 하게 되는 것이다.

이러한 모델은 일부 교회에 도입되어 신앙지도와 훈련의 모델이 되고 있지만, 나는 이런 멘토링 프로그램이 교회 내에서 더욱 확대되기를 바라며, 신앙이 미성숙하거나 새 신자에 대한 신앙교육을 위해 '신앙교육안전망'이 구축되기를 주장한다.

특히 교육문제는 부모의 교육수준이 다음 세대의 자녀에게까지 세습화될 경우가 많고, 사교육비의 지출 정도가 자녀의 학업성취도에 결정적으로 영향을 미치고 있다. 부모의 교육적인 수준과 열정이 자녀에게 거의 절대적으로 영향을 미치고 있는 셈이다.

어쩌면 신앙생활에서도 이런 현상을 쉽게 발견할 수 있는 것이다. 부모의 신앙생활의 모습이 그대로 자녀에게 전달되어 아름다운 신앙의 모습을 학습하게 된다. 아름다운 신앙을 배우며 하나님께 영광 돌린다는 것은 정말 소중하고 가치 있는 일이다. 그러나 우리는 불신앙의 가정에서 세상적인 가치관과 세계관,

그리고 그 영향력에서 벗어나지 못하고 있는 자녀들에게 눈을 돌려야 한다. 그리고 주일학교에서 이런 불신앙 가정에 대해 멘토링 프로그램의 도입을 검토해야 한다. 또 멘토링 프로그램은 주일학교뿐만 아니라 학생회, 청년회, 대학부 등 교회 여러 기관으로 확대되어 예수님의 지상명령을 실천하는 장(場)이 되어야 한다. 새 신자에 대한 관심을 확대하고 그들을 후원하며 때로는 교사나 상담자의 역할을 하는 멘토들이 배출되어야 한다.

그래서 신앙적인 멘토링이 교회성장과 전도활성화의 계기가 되어야 하고, 개인에 대한 필요를 채워주는 역할을 감당해야 할 것이다. 예수님이 그리하셨듯이 소그룹 모임이 활성화되고, 서로 사랑하도록 하는 공동체 모임이 늘어나야 한다.

3. 자녀에게 인터넷을 정복하게 하라

> 문화적인 접근 통해 복음을 확장하자
> 인터넷상 자료는 객관적 검증이 필요

오늘도 우리 집에서는 아내와 둘째 아들의 신경전이 날카롭다. 아내는 "태웅아! 제발 컴퓨터를 그만 해라!"라고 소리치며, 인터넷 오락게임에 몰두하고 있는 아들을 야단치고 있다. 초등학교 4학년인 둘째 아들은 컴퓨터 게임을 마저 끝내며 자신이 인터넷상 특정 게임을 우승했다고 자랑하기도 한다. 나는 옆에서 이를 지켜보며, 아들에게 일주일에 한 번 '게임하지 않는 날'을 정해서 실천하자고 제안하며 아들의 동의를 구하기도 했다.

이렇게 인터넷은 부모와 자식 간의 대화를 단절하기도 하지만, 인터넷에 능통한 세대들에게는 없어서는 안 될 중요한 의사소통의 도구가 되고 있다. 특히 어린이들은 문자, 그림, 사진, 영상, 애니메이션, 그리고 동영상 매체에 매우 익숙해져 있어 이런 인터넷 영상매체의 영향력이 날로 확대되고 있다.

우리 삶 속에서도 인터넷이 각종 의사전달의 중요한 매개체가 되었으며, 교회와 학교, 직장의 중요한 커뮤니케이션(communication) 도구가 되고 있다. 사이버 공간을 통해 각종 교육이 이루어지고, 문화활동, 비즈니스가 성사되는 중요한 공간이 되고 있는 셈이다.

그래서 교회는 거미줄처럼 네트워크로 연결되어 있는 가상공동체에 대한 이해가 필요하고, 더 나아가 이런 네트워크를 연결하여 복음을 유용하게 전달할 수 있는 지혜를 모아야 할 것이다. 사실 교회에서 이용하고 있는 인터넷은 극히 부분적으로 사용되고 있는 것을 볼 수 있다. 교회 홈페이지의 게시판을 이용해 성도들의 의견을 수렴하는 정도이고, 어떤 교회의 홈페이지는 설교를 인터넷에 올리기에 급급한 나머지 편집도 제대로 되지 않은 너저분한 자료를 게시하는 것을 볼 수 있다. 일부 신앙자료에서는 오탈자가 보이고 편집기술이나 동영상의 활용정도가 다른 일반 자료에 비해 월등히 떨어지고 있는 것을 알 수 있다. 이러한 자료를 가지고서는 네티즌을 따라잡을 수가 없을 뿐만 아니라, 문화선교의 걸림돌로 작용될 수도 있을 것이다.

따라서 교회는 인터넷 관련 전문가의 도움을 받아 설득력 있고 보기 쉬운 웹문서를 작성해야 할 것이며, 이를 활용하는 측면에서도 좀 더 신중하고 검증된 자료가 사용될 수 있게 사용목적에 대한 합리성과 효율성을 따져 보아야 할 것이다.

기독교계는 예배와 교제, 교육, 봉사, 전도, 양육에 있어서 사이버 공간을 통해 하나님 나라가 확장되도록 구체적인 계획을 수립해야 한다. 또 인터넷상의 각종 신앙자료가 네티즌을 사로잡을 수 있도록 동영상 시스템, 그래픽 등을 활용할 수 있는 전문가를 시급히 양성해야 할 것이다.

4. 아이에게 민주적 리더십을 길러주라

지도자는 '권위'보다 '섬김'의 자리
차세대 위한 민주적 교육과정 중요

제4회 전국동시 지방선거가 실시되었다. 앞으로 4년간 우리 지역의 행정과 의회 일을 맡게 될 지방자치단체장과 지방의원을 뽑는 선거였기에 더욱 중요했을 것이다. 이번 선거는 교회에 출석하는 많은 당선자들이 배출되어 의미가 있으며, 그러기에 그들의 활동이 주목되고 그들에게 거는 기대 역시 크다. 나는 당선자들에게 축하를 보내며, 앞으로 주민들의 '삶의 질(質)' 향상을 위해 노력하고, 민주적인 절차와 방법에 의해 합리적인 정책을 결정해주길 바라는 마음이다.

보통 민주주의는 개인의 행복과 국가의 번영을 위한 제도라고 할 수 있다. 선거는 이런 민주주의를 실천하는 방법 중의 하나로써 그 중요성은 아무리 강조해도 지나치지 않는다. 공명한 선거가 중요하고, 또 자질 있는 후보를 선택하는 유권자의 역량도 있어야 한다. 그런데 교회는 선거철이 다가오면 반짝하는 식으로 일부 후보자들을 소개하거나 오히려 무관심 쪽으로 무게를 두는 경향이 있다. 특히 민주적인 시민과 지도자들을 양성하려는 성서적인 접근은 부족하다고 생각한다.

교회 내에서도 민주적인 교육과 실천은 대단히 중요할 것이다. 교회의 항존직을 비롯한 각종 직분이 선거에 의해 구성되고, 각종 협의회, 노회장, 총회장 등 교계지도자 역시 선출과정을 거친다는 점에서 민주적인 절차는 아무리 강조해도 지나치지 않는다고 본다.

이번에 선출된 지도자들은 '명예와 권위'보다는 '섬김과 봉사'를 염두에 두어야 한다. 또 교회, 노회, 총회 등 각종 리더들도 마찬가지다. 일부 교계의 리더들은 세상적인 방법으로 경쟁 하려는 경향이 있으나 이는 결코 옳은 일이 아니라고 본다.

전국동시 지방선거가 끝난 이 시점에서 교계의 선거형태를 되새겨 보는 것은 의미가 있을 것이다. 결코 세상 사람들이 지켜보

앉을 때, 교회와 교계의 각종 선거가 부끄럽지 않는 모습을 가져야 할 것이다. 예수님도 정의(正義)와 질서(秩序)를 소중히 여기셨듯이, 우리 사회와 교계도 이런 가치가 소중하기 때문이다.

기독교계는 주일학교와 학생회, 청년회 등 차세대들이 예수님의 정신을 실천하고 민주주의 행동 양식을 습득할 수 있도록 하는 교육과정을 마련해야 한다. 그리고 이런 차세대가 우리 사회를 이끌 지도자로 성장하며, 빛과 소금의 역할을 할 수 있도록 기독교 교육 환경을 개선해 나가야 할 것이다.

신앙으로 무장된 민주주의적 행동양식은 우리 사회를 변화시킬 것이며, 교회의 발전과 성장에 기여할 수 있기 때문이다.

제4장
가정은 웃음을 먹고 산다

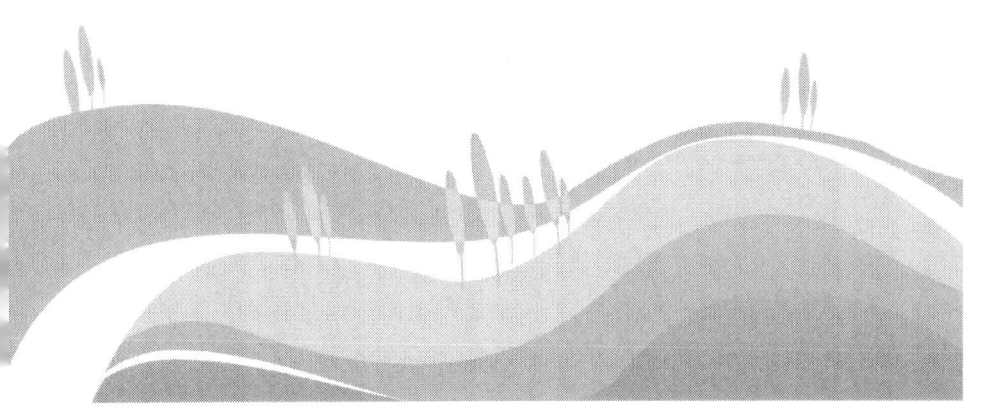

1. 가정은 천국의 축소판이다

가정이 깨어지고 있다. 위기를 겪고 있는 가정들이 증가하고 있으며, 행복해야 할 가정이 이혼, 가정폭력, 아동학대, 자살 등으로 얼룩지고 있다. 가정 내에서 아버지와 어머니의 역할이 상실되어 가고 있으며, 아이들은 가정에서 받아야 할 사랑과 관심에서 멀어져 가고 있는 것이다. 그야말로 우리 가정이 총체적 위기를 맞고 있으며, 가정에 대한 중요성을 강조하지만 가정을 치유하고 회복하기 위한 노력은 좀처럼 찾아보기 힘들다.

우리의 교회를 보면, 주일학교와 학생회, 청년회 등 기관별 사역을 중심으로 이루어지고 있어, 결손가정이나 위기를 겪고 있는 가정의 문제해결에 초점을 맞춘 사역은 별로 이루어지지 못하는 형편이다. 교회의 가정사역에 대한 새로운 관심이 요청되는 대목이다. 그러면 하나님께서 우리에게 주신 가정을 건강하게 유지하고 회복하기 위한 노력은 무엇일까?

먼저 교계는 건강한 가정을 위한 범기독교적인 운동을 펼쳐야 하고, 가정사역을 대대적으로 전개해야 한다. 가정을 살리기 위한 기구를 설치하여 가정회복과 치유를 국민운동으로 확산시키고, 신학대학에 건강한 가정을 형성하고 유지하기 위한 전문 인력을 양성하며, 관련 프로그램도 개발해야 한다. 그래서 현대의 물질주의와 향락주의 문화 속에서 병든 가정을 치유하고, 이를 회복해야 한다.

부부간의 갈등을 겪고 있는 곳에 교회의 역할이 중요하다. 종교적인 갈등과 서로에 대한 불신, 성격차이 등 여러 가지 갈등 요소들을 그리스도의 방법대로 해결할 수 있도록 실마리를 제공해 주어야 한다.

아동폭력에 시달리고 밥을 굶는 어린이에 대한 교회의 관심이 확대되어야 한다. 부모의 빈곤 때문에 친구들에게 '왕따'를 당하며, 열등감에 빠져 있는 아동에 대한 상처를 치유해 나가야 한다. 교회에서 보호를 요하는 아동들을 보살펴 주어야 한다. 예수님이 어린아이를 사랑하셨듯이 교회도 사랑과 관심을 확대해야 하는 것이다. 아동양육 능력이 없는 저소득 가정들에게 양육비를 지원해 주고 보살피는 노력도 필요한 것이다.

또 가정에서 소외되어 고독을 느끼는 노인들에게 교회가 찾아가야 할 것이다. 그리고 지역의 노인들이 교회의 공간을 이용하여, 활기차고 의미 있는 노후 생활을 하도록 마음을 열어야 할 것이다.

이제 교회가 가정의 혼란과 위기에 대처해야 한다고 생각하며, 가정에서 나타나는 각종 갈등 요소들을 치유하고 회복하는 노력과 더불어 건강한 가정문화를 확산하기 위한 적극적인 활동이 요청된다. 예수님께서 우리에게 가르쳐 주신 대로 부부와 아동, 부모가 서로 사랑하고 배려할 수 있도록 교회의 가정사역이 확대되어야 할 것이다.

2. 웃음이 넘치게 하자

> 웃음은 교회 성장의 토대가 되며
> 희망과 건강의 비결, 성공의 요소

"웃으면 복이 와요"라는 말이 있듯이, 웃음은 우리에게 행복을 가져다주며, 긍정적인 기운을 북돋아 준다. 나는 지난주 공무원혁신교육을 다녀왔다. 거기에서 공무원들이 변화하는 환경에 살아남기 위해 혁신과 변화를 도모하고 있고, 시민들에게 웃음과 만족을 안겨 주려고 몸부림치는 모습을 보았다.

이러한 노력은 공무원, 민간기업, 서비스업 종사자 할 것이 여러 영역에서 이루어지고 있으며, 교회도 마찬가지라고 생각한다. 그리스도를 구주로 고백하는 사람들의 무리인 교회가 목회자와 성도들 간에는 물론 사회 사람들을 향해 만족과 웃음을 주어야 한다고 본다.

찬양과 설교를 통해 웃음을 주고, 각종 사회봉사활동을 통해 만족을 주어야 할 것이다. 그래서 하나님을 향한 감사와 기쁨은 웃음과 함께 교회를 성장하게 만드는 토대가 될 것이라 믿는다.

사실 웃음은 개인에게 자신감과 건강을 키우는 최고의 전략일 수 있다. 학자들에 의하면, 한번 웃는 것은 에어로빅을 5분 동안 하는 효과와 맞먹는다고 한다. 웃음은 부교감신경을 자극해 자율신경을 자유롭게 하고 심장을 천천히 뛰게 하며 우리 몸의 상태를 편안하게 해준다는 것이다. 특히 배꼽을 뺀다고 표현하는 웃음, 폭소는 긴장을 이완시켜 주고 혈압을 낮추며 혈액순환을 도와주고 질병에 대한 저항력을 기르는 데 탁월한 효과가 있다고 한다.

사회적으로 성공한 사람들과 영향력이 있는 인물들은 모두 멋진 웃음을 가지고 있다. 성공하기 이전에 이미 그들은 잘 웃는 사람들이었고, 성공해서 또다시 웃고 있는 사람들이라고 생각한다.

그래서 우리 가족은 매일 저녁 자녀와 아내가 한 줄로 앉아 앞사람의 등을 두들겨 주는 시간이 있다. 엄마는 아빠를, 그리고 아들들은 차례대로 엄마와 동생, 형을 안마해 주며 웃음을 준다.

매일 일하고 공부하면서 쌓인 피로와 스트레스를 풀어주며 가족 간의 사랑을 확인하는 시간이 되기도 한다. 웃음 속에서 고통과 불안, 짜증을 몰아내고 있는 것이다.

교회에서도 이러한 웃음을 안겨주는 시간을 의도적으로 가져야 한다고 본다. 성도들 간에 긍정적인 행동을 유도하고 파동을 만들어내는 수단은 웃음이라고 주장하고 싶다. 웃으면 편안함을 느낄 수 있고 교회의 여러 활동들을 부드럽게 진행할 수 있다.

웃음은 노인, 장애인, 실업자, 노동자 등 사회적 약자들에게도 희망을 주고 친숙한 인간관계를 맺게 만든다. 그리고 실의에 빠진 사람들에게 성공을 안겨 줄 수 있으리라 생각한다. 하나님이 우리에게 주신 최고의 웃음을 지금 한번 웃어보자.

3. 가정폭력은 우리의 문제

가정폭력 피해자에 대한 지원책 필요
건강하고 화목한 가정 문화 형성해야

　가정폭력에 시달리는 사람들이 늘고 있다. 가정은 하나님께서 주신 행복한 보금자리이며 안식처라고 할 수 있는데, 때로는 인권이 침해되고 유린되는 장소가 되기도 한다. 가정에서 일어나는 폭력은 외부에 드러나지 않아 반복적으로 행해질 우려가 있고 심한 공포로 인해 심리적인 손상을 입을 소지가 많다.

　가정폭력이란 가족구성원들 사이에서 일어나는 신체적·정신적 또는 재산상의 피해를 수반하는 행위일체를 말하는데, 교회가 이를 그저 바라보고 있거나 침묵을 지키고 있는 것은 합리적이지 않다고 본다.

가정폭력은 가족구성원들 간의 '개인문제'가 아니라, 교회와 사회 그리고 국가가 함께 대처해야 하는 '사회문제'로 바라보는 시각이 중요하며, 가정문제이지만 교회와 사회가 공동으로 해결하려는 노력이 필요한 것이다.

나는 최근 가정폭력 상담요원양성을 위한 교육을 담당한 적이 있는데, 가정폭력의 '폭력성'에 대한 이해가 절실함을 느꼈다. 가정폭력사건은 다른 범죄와는 달리 경찰에 신고하여 가해자가 조사를 받더라도, 모두 형사처벌을 받아 전과자로 되는 것은 아니라는 점을 기억할 필요가 있다.

그리고 가정보호사건으로 처리되는 경우에는 일반형사절차와는 달리 특별하게 처리하고 있고, 법원은 임시조치를 통해 피해자를 보호하고 있다. 예를 들면 ① 가해자를 피해자의 주거로부터 격리, ② 피해자의 주거, 직장 등에서 100m 이내의 접근 금지, ③ 의료기관이나 기타 요양소에 위탁, ④ 경찰관서의 유치장 또는 구치소에 유치할 수 있다.

이러한 법원의 조치는 임시적인 것으로써 근본적인 대책이 결코 아니다. 교회가 가정폭력을 당하는 피해자들을 위해 나서야 하며, 여러 가지 지원책을 강구하여 하나님의 위로가 함께 하도록 해야 한다. 또 잘못된 가정문화를 바꾸고 개선하는 운동을 펼치며, 가정 내 건강하고 화목한 가정문화를 형성해 나가는 노력이 절실하다.

소극적으로 가정폭력에 대처하는 입장에서 벗어나, 건강한 가족문화를 만들기 위한 교회봉사활동을 전개해 나가야 한다. 교회는 한부모가정이나, 독거노인가정, 재혼가정 등이 늘고 있는 상황에서 예수님의 사랑을 필요로 하는 사람들에게 다가가는 '적극적인 자세'가 필요한 것이다.

한편 기독교계는 가정폭력문제를 전문적으로 상담하고 상처를 치유할 수 있는 가정사역전문가 또는 상담전문가를 양성해야 할 것이며, 지역사회와 연계한 각종 치유프로그램을 마련해야 할 것이다.

4. 가족친화형 교회생활

가족 간에 대화와 웃음이 넘치는 관계 중요
'건강한 가족모델' 통해 사회 변화시켜야

가족이 해체되고 있는 상황이다. 하나님께서 창조하신 가족에 대한 가치가 쇠퇴해 가고 있으며, 가정이 위기에 놓여 있다. 가족들이 서로 아껴주고 마음을 함께 나누는 행복한 웃음이 사라지고 있는 것이다. 가족이 우리 사회의 희망이 되고, 건강을 회복할 수 있도록 교회가 해야 할 일들을 생각해 보기로 한다.

우선 교회는 가족들이 모여 웃음과 즐거움을 나눌 수 있는 공간을 확보하고, 이를 확산할 수 있는 '가족친화형' 교회를 만들어 나가야 한다. 요즘 우리 사회가 핵가족화(核家族化) 되면서 가족들이 한자리에 모일 여유도 없다. 휴일에야 얼굴을 보지만, 그것도 잠시일 뿐이다. 아이들은 아이들대로, 아내와 남편은 각기 그들 나름대로 바쁘다는 핑계다. 가족이라는 울타리에서 살지만 서로에 대한 관심은 이미 멀어지고 있는 것이다.

심지어는 말다툼을 벌이고 가족이 갈라서는 불화가 일어나고 있다. 이혼이 보편화되어 버린 사회가 아닌가. 정서적으로 연결된 유대감이 단절되고 있는 것은 물론, 가족 간 반목과 상처로 얼룩지고 심지어 자살로 이어지는 경우도 허다하다. 가부장적인 아버지의 모습도 크게 변하여, 어깨가 쳐지며 고개 숙인 남자로 '아버지상'이 전락되어 가고 있는 실정이다.

가족들이 직장을 찾아 여러 도시로 흩어져 돈을 벌면서, 맞벌이 부부가 증가하고, 홀로 사는 노인 가족, 모자(母子)가족 또는 부자(父子)가족 등이 나타나고 있다. 가족들이 서로에게 힘이 되고 버팀목이 되어 주었던 모습은 찾아볼 수 없고, 육아(育兒)나 노인들을 돌보는 일까지 가족들 사이에서 멀어지고 있는 것이다.

이제 교회가 가족 간에 이해를 높이고 서로의 관계를 회복할 수 있도록 해야 한다. 위기의 가족들을 찾아가서 상담하고 그들을 위로하며, 상처를 싸매 주고 하나님의 치유가 있도록 해야 한다. 하나님께서 주신 아버지의 영적(靈的) 권위를 회복하고, 자녀와 대화를 하는 기법도 보완해 주어야 할 것이다. 변화되어 가는 사회 환경에 맞춰 교회는 가족의 기능을 다시 회복하는 공간이나 프로그램을 마련해 나가야 할 것이며, 가족들이 하나님 안에서 화목 하는 방법을 제시해 주어야 한다.

한편 기독교계는 교회가 '가족친화적' 환경이 되도록 교회 내부 공간을 바꾸고, 가족에 대한 가족상담을 활성화하도록 유도해야 한다. 또 교계 차원에서 '건강한 가족모델'을 개발하여, 건강한 가족생활이 자리잡게 해야 하며, 가정에 웃음과 행복이 깃들도록 해야 할 것이다.

5. 행복을 만드는 창구는 가정

교회는 가정의 틈새를 메우는 역할이다
가정의 행복을 유지하는 방법 제시해야

우리의 가정이 병들어 가고 있고 가족관계가 심각한 위기에 처해 있으며, 이혼율이 급증하고 있는 상황이라고 한다. 집안 어른을 존경하며 섬기는 전통은 이미 깨져 버렸고, 가족보다는 개인만을 우선시하는 시대가 되어 버렸다. 그리고 부모가 자녀를 자신의 소유물로만 생각하여 가정의 조그마한 어려움 속에서도 쉽게 자녀와 동반 자살하기도 한다. 사랑과 희생을 미덕으로 여기고 충효(忠孝)와 우애(友愛)를 제일의 가치로 여기는 공동체

의식이 사라지고 있는 것이다.

기독교에서는 이런 변화에 적극적으로 대처하고 가정의 행복과 평화를 유지할 수 있는 방법을 제시해야 한다고 본다. 가정의 커다란 기둥이라고 할 수 있는 부부가 갈라서는 경우가 흔하게 되었다. 따라서 부부가 서로 성격 차이를 인정하도록 해야 하며 가정 내에서 나타나는 다양한 문제들을 이겨낼 수 있는 극기훈련과 노력이 필요하다.

우리의 전통문화인 삼강오륜(三綱五倫)에서도 나타나듯이 가정이 행복하기 위해서는 가족 내의 예절이 중요하다. 그런데 가정에서 부자나 부부간의 관계를 소유관계나 권력관계로 생각하는 경향이 있는데, 이런 관계보다는 가정에 활력소를 불어넣는 작업이 중요하다.

가정의 활력소는 전통적인 '예절'을 강조하는 것뿐만 아니라, 구성원이 서로를 '인정'하며 '칭찬'하는데서 비롯된다. 가정에서 칭찬거리를 발견하고 부부, 자녀, 부모 형제간에 잘한 점을 진실한 마음으로 칭찬할 때, 우리의 가정생활은 활력을 갖게 되며 건강한 가족이 될 수 있을 것이나. 세상에서는 비록 인정받지 못한다 할지라도 가정에서 서로를 인정하고 칭찬하는 수평적 인간관계가 바람직하다.

한편 가정 내의 평화를 만드는 아이의 출산과 양육에 대한 시각을 바꿀 필요가 있는 것이다. 아이의 출산과 양육을 "개인"의 문제로만 바라보는 시대는 이미 지나가고 있다. 자녀의 출산문제에 국가가 깊이 관여하여 현재 낮아진 출산율을 높여야 하며, 자녀양육도 자녀의 부모에게만 의존하려는 태도에서 벗어나 국가가 다양한 사회보장 정책을 제시해야 한다. 아이의 출산과 양육을 "사회"적인 책임으로 인식하는 자세가 중요한 것이다.

그런 의미에서 맞벌이 부부를 위한 직장보육시설을 확대하여 설치해야 한다고 보며 이런 시설이 곧바로 설치되기가 어렵다면, 자녀양육을 저렴하고 안전하게 맡길 수 있는 시설이 마련되어야 한다. 이런 시설의 마련이 확산되고 있긴 하지만 예산이 제대로 뒷받침되지 않아 틈새가 벌어지고 있는 경우라면, 이런 틈새를 교회가 메워주었으면 좋겠다는 생각이다.

제5장

청년에게 꿈을 주라

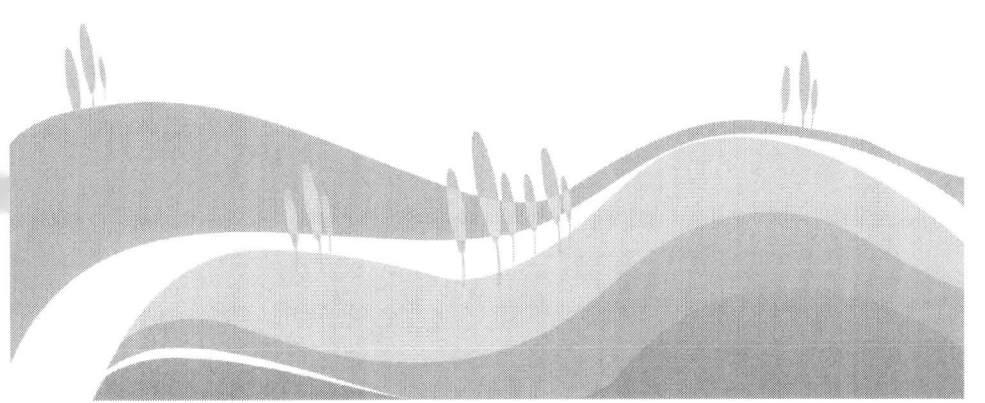

1. 소년들이 꿈을 꾸게 하라

좌절의 늪에서 신음하는 청소년들에게
희망 제시하고, 사랑과 섬김 강조해야

자연의 아름다움과 5월의 푸르름이 더해가는 계절이다. 연초록 빛깔이 더욱 짙어 가고 있어 자연의 그 찬란함과 오묘함에 감탄이 절로 나온다. 그런데 인생의 푸르름을 만끽하는 시기인 청소년들은 얼마나 꿈과 희망을 키우고 있을까? 우리 교육은 청소년들에게 꿈을 키워주는 활동보다는 대부분 대학입시의 경쟁 속에서 좌절감을 맛보게 하며 패배의 쓰라림을 경험하게 만들고 있다. 교회마저도 청소년들에게 희망을 안겨주지 못하는 상황이며, 방황하는 청소년들을 제대로 안내하지 못하고 있는 것 같다.

교회는 청소년이 교회를 떠나고 있는 현실을 직시해야 한다. 청소년들의 교회 이탈을 막고 교회에 모여 희망을 얘기할 수 있는 공간을 만들어 나가야 한다. 예배의 중요성을 강조하고 청소년 개개인이 처한 환경을 이해하며, 구체적인 상황에 맞는 전도 활동을 전개해야 할 것이다.

우선 청소년 교육에 대한 교회의 전도와 양육훈련이 변해야 한다. 청소년들이 주일 학생예배에 참석하는 정도의 수준에 만족하는 부모와 교회의 태도가 바뀌져야 한다. 청소년들이 자발적으로 예배에 참석하고, 미래의 꿈을 가질 수 있도록 좀 더 적극적인 양육과 훈련을 실시해야 한다. 예수 그리스도의 제자로서의 삶을 청소년기에 설계하며 경험하도록 해야 한다. 예수님의 전도가 그러했듯이 청소년의 개인적인 고민을 해결하고, 필요를 채워주는 역할을 교회가 담당해야 한다. 청소년들이 삶에 희망찬 계획을 세우도록 교회가 올바른 방향을 제시하고, 우리 교육에 대한 전반적인 점검을 실시해야 한다. 이를 위해 교회가 전문 사역자들을 배치하여 청소년들에 대한 전문적인 사역과, 청소년 상담, 치유 활동이 전개되도록 해야 할 것이며, 각종 세미나도 개최해야 할 것이다.

한편, 입시위주의 경쟁과 주입식 교육에 찌들어 있는 청소년들에게 희망의 메시지를 전달해야 한다. 그리고 교회가 우리 사회를 향해 청소년교육의 올바른 방향을 제시해야 한다. 교육 현장에서 소외되고 경쟁에 뒤떨어진 청소년들을 품에 안고 달려야 하며, 좌절과 비행(非行)의 늪에서 신음하는 청소년들을 건져내야 한다. 어른들이 저질러 놓은 출세지향주의를 배제하고 무력감, 패배감, 열등감에 빠진 청소년들을 향해 복음을 전파해야 할 것이다. 그래서 현재의 이기주의, 개인주의 교육에서 벗어나 이타(利他)교육, 섬김과 사랑을 실천하는 교육으로 변화시켜 나가야 한다.

또한 청소년들에게 자원봉사활동이 강화되어야 한다고 생각한다. 우리 청소년들이 자원봉사활동에 참여하게 된다면, 자연스럽게 다른 사람을 이해하고 존중하는 마음을 기르고 공동체의식을 회복할 수 있기 때문이다. 이런 속에서 청소년문제의 치료와 예방은 이루어질 수 있을 것이며, 이웃에 대한 사랑과 섬김의 문화가 싹트게 될 것이다.

2. 청년에게 꿈을 주라

꿈과 희망을 심어주고 인생의 방향 제시하며
차별이나 편견보다 잠재적 능력자로 바라보자

　대학가에는 '이태백'(20대 태반이 백수), '낙바생(낙타가 바늘
구멍을 통과하듯 취업이 어려운 졸업예정자)'과 '캠퍼스 더블 라
이프족(학업과 창업을 동시에 하는 학생)' 등 신조어가 생겨나
고 있는데, 이는 취업하기가 얼마나 힘든지를 단적으로 표현하
고 있다.

　통계에 의하면 80만이 넘는 실업자가 있고, 청년이 취업했다
고 해도 둘 중 하나는 언제 해고(解雇)될지 모르는 비정규직이

라는 것이다. 최근 공식적으로 서울시에 전국백수연대라는 비영리민간단체가 등록되기도 했는데, 이는 취업을 앞둔 젊은이들의 암담한 취업현실에서 삶을 위한 목표나 방향을 제시해 주는 것이 필요함을 나타내주는 대목이다. 교회는 이들을 향해 어떤 역할을 해야 할지에 대해 생각해 보기로 한다.

우선 교회는 청년에게 희망과 꿈을 심어 주도록 해야 한다. 취업할 시기에 취업을 하지 못하고 실업으로 남을 경우에는 마음이 움츠러들고 자신감을 잃어가기도 하며, 심지어는 심각한 우울증에 빠지기도 한다. 상처 난 그들의 마음을 치유하고 싸매어 줄 수 있는 곳이 어디에 있는가? 교회 역시 그들을 위로하고 격려하기에는 아직 성숙되지 못한 자세를 갖추고 있는 듯하다.

교회는 청년실업자들을 향해 두 팔을 벌리고 그들을 맞이해야 한다. 그들에게 관심을 보이고 깊은 애정과, 그들을 향한 희망을 제시해 주어야 한다. 눈높이를 낮춰 그들을 바라보아야 하며, 차별이나 편견의 시각보다는 잠재적 능력을 가진 일꾼이요, 미래를 위해 준비하는 당당한 젊은이로 대해 주어야 한다.

청년들의 웃음과 찬양이 가득한 교회가 되도록 교회 분위기를 바꾸고, 청년들이 함께 모여 건전한 놀이와 기독문화를 창조할 수 있는 공간을 제공해 주는 것이 중요하다고 생각한다.

내가 이번 학기에 맡은 교과목은 대학 4학년들을 대상으로 하는 취업과 관련 있는 교과목인데, 나는 무엇보다도 무거운 강의실 분위기를 웃음과 희망으로 바꾸는 데에 힘을 기울일 작정이다. 인생을 폭넓게 숲과 나무를 바라볼 수 있는 청년, 꿈을 가진 젊은이로 그들을 대할 것이다.

한편 기독교계는 청년들에게 희망을 주고 상처 난 마음을 치유할 수 있는 프로그램을 마련해야 한다. 교계 차원에서 인적 네트워크를 구성하여 활발한 인간관계가 형성되도록 도와주어야 하며, 기독교육기관에 청년실업을 연구하는 교과과정도 편성해 나가야 한다. 청년실업은 정부, 지방자치단체뿐만 아니라, 교계에서도 공동으로 대처하고 협력하는 자세가 중요하다고 본다.

3. 교회를 옮기고 싶은 사람들

> 즐거움만을 추구하는 감각적인 활동보다
> 예수그리스도의 고난, 땀과 피를 강조해야

　교회를 옮기고 싶은 사람들이 많단다. 케이블 TV에 비치는 대형교회의 모습이 화려하고, 다양한 프로그램으로 사람들을 사로잡고 있는데, 이것이 자신의 교회와 비교가 되기 때문이란다. 오케스트라의 연주와 영상 멀티미디어쇼, 전통무용과 공연, 율동 등 교회생활을 화려하고도 감동적인 모습으로 보여주고 있다. 방송매체를 통해 보이는 도시의 대형교회를 보면, 작고 볼품없는 자신의 교회를 벗어나고 싶어 하는 사람들이 많다는 것이다. 교

인들의 이러한 성향을 어떻게 바라보아야 할 것인지 참 고민스
런 부분이다.

요즘 교회마다 취미활동이 활발하다. 새벽기도를 마치고 인근
초등학교 운동장에서 축구를 하기도 하고, 동호회를 만들어 등
산이나 낚시를 다니기도 한다. 주말 저녁에는 부부동반 모임을
열어 성도들 간에 웃음이 쏟아지기도 한다. 또 대형교회는 소위
'문화센터'를 만들어, 영어회화, 노래교실, 메이크업, 서양화, 피부
미용, 네일 아트, 종이접기 지도자 양성과정 등 백화점 문화센터
이상의 프로그램을 운영하는 교회도 많다. 지역민을 대상으로
선교와 봉사, 교육의 기능을 가진 센터이지만, 일단 사람들이 모
여들기만 해도 절반은 성공이다.

그런데 우리가 간과해서는 안 되는 것이 있다. 교회가 사람들
을 모우고 흥미를 끄는 것도 중요하지만, 보다 본질적인 사명을
망각해서는 안 된다는 것이다. 교회는 '예수님을 구주로 고백하
는 사람들의 무리'다. 교회라는 공동체 모임에서 하나님의 뜻을
이루어가고, 초대교회의 모습을 회복해 가는 것이 중요하다고
본다. 나보다 '하나님' 중심의 예배가 되어야 하고, 자신의 삶이
예수그리스도의 제자로서의 삶을 사는 자세가 중요하다.

다만 교회가 '주5일근무제'에 따른 변화에 대처하는 부분이 미
흡하고, 예배, 전도, 친교, 봉사 등 교회기능 중 각기 한쪽으로만

치우친 경향이 있다. 어떤 교회는 재미있고 즐거운 교회생활만을 강조하고, 어떤 교회는 희생과 봉사, 절제된 엄숙한 분위기만을 강조하여, 그야말로 교회생활의 '양극화'가 문제인 것 같다.

한편 기독교계에서는 교회생활의 '즐거움'과 '재미'만을 추구하는 감각적인 활동을 지양하고, 그리스도의 고난과, 땀, 피를 강조하는 활동도 꾸준하게 전개해 나가야 할 것이다. 교회생활에 있어 '즐거움'과 '엄숙함'의 한쪽만을 강조하는 양극화를 극복하고, 양쪽이 균형과 조화를 이루게 하여, '초대교회'의 모델이 훼손되지 않도록 해야 하지 않을까.

4. 창조적 소수를 양성하자!

나눔 문화 주도하고 섬기는 사람들
교회 성장과 발전 가져올 동력으로

우리 교회에는 다양한 사람들이 모여 신앙생활을 하고 있다. 신념, 정치적 견해, 인종, 성별, 국적 등을 초월하여 예수님을 구주로 고백하는 사람들이 함께 모여 예배를 드리고, 예수 그리스도의 지상명령을 실천하고 있다. 그런데 하나님의 나라를 건설하는 과정에는 대중들과 함께 때때로 선택된 소수자에 의해 하나님의 계획이 진행되는 것을 볼 수 있다. 초대교회 이방인들에게 복음을 전한 바울을 비롯한 예수의 제자들, 일제 시대 독립

운동을 주도하고 순교했던 사람들, 민족교육에 앞장섰던 기독교인 등 이루 헤아릴 수 없을 정도다. 오늘날에도 장애인, 아동, 노인, 미혼모, 실업자, 비정규 근로자 등 사회적 약자에 관심을 갖고 있는 사람들, 또 사회의 그늘을 찾아다니며 이름 없이 빛도 없이 수고하는 사람들, 경제적 고통을 당하는 이들을 위로하는 사람들, 벼랑에 선 사람들을 달려가 껴안는 사람들, 눈물을 흘리는 사람들에게 다가가는 사람들, 이들 모두가 창조적 소수에 해당될 수 있을 것이다.

역사학자 아놀드 토인비는 '역사라는 수레바퀴를 진보와 발전의 방향으로 이끄는 것은 창조적 소수'라고 설명하고 있다. 이들은 어떤 의미에서 엘리트(elite)라고 할 수 있는데, 사회에서 지도적 위치에 있는 사람이다.

이들은 우리가 속한 교회를 변화시킬 주체들이다. 우리 시대에 나눔의 문화를 주도하고, 사회봉사를 통해 사회적 약자들과 고통을 함께 나누는 사람들이다. 교회에서 어깨에 힘을 주기보다는 머리 숙여 인사하고, 남모르게 봉사하는 사람들이다. 이들은 예수님 제자로서의 삶을 살기를 희망하고, 복음전하는 일에 정예화된 사람들이다. 이들은 자기가 속한 교회에서 변화를 일으키고, 중추적인 일을 할 수 있는 사람들이다. 따라서 이들은 우리 기독교 문화를 형성하고 전파하는데 원동력이 될 수 있을 것이다.

 이렇게 교회에서 창조적 소수자의 역할은 매우 중요하다. 교계에서 이런 창조적 소수를 양성하고 발굴하는 것은 매우 의미 있을 것이다. 교회마다 하나님의 사역에 파트너가 될 수 있는 사람들에게 관심을 기울여 나가야 한다. 자라나는 주일학교 어린이부터 교회의 목사, 장로 등 지도층에 이르기까지 창조적인 소수가 있을 수 있다. 그래서 이들이 하나님의 구원사역에 바르게 응답하고 하나님의 창조 사역에 동참할 수 있도록 해야 한다. 왜냐하면 황금만능주의로 물든 우리 생활을 바꿀 수 있는 주체가 될 수 있으며, 국가와 사회에 혁신(革新)의 주체가 되어야 하기 때문이다.

 창조적 소수는 그 나름대로의 정체성을 간직해야 하며, 시대의 부름에 응답할 수 있는 용기와 희망이 필요하다. 그래서 초대교회의 기도와 선교, 예배, 사회봉사 등 아름다운 모습을 회복하며, 이 땅에 하나님의 정의가 흐르도록 해야 할 것이다.

제6장

직업으로 응답하시는 하나님

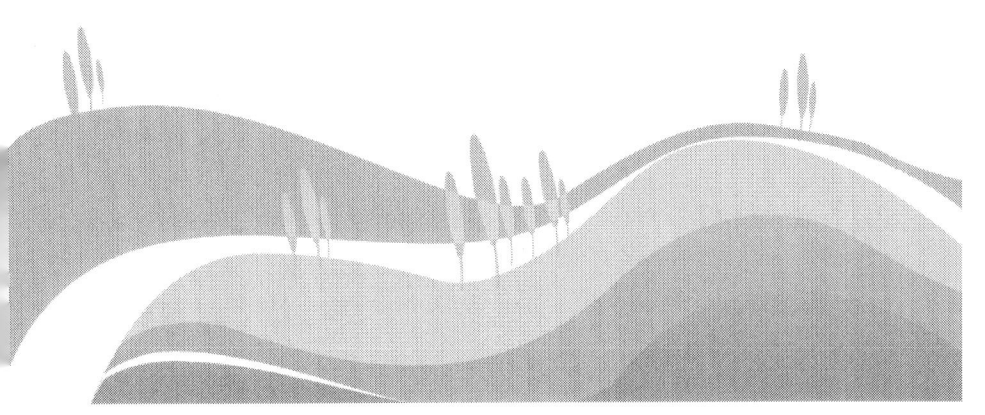

1. 취업, 암울한 구름인가?

> ### 채용에 있어 차별적 관행을 시정하고
> ### 개인 능력을 마음껏 펼칠 장을 만들라

올해 취업경쟁이 매우 치열하다고 한다. 어떤 공기업 채용 시험에서는 사법시험 합격자나 토익(TOEIC) 만점자들도 낙방의 고배를 마시고 있다고 한다. 이것은 취업이 얼마나 어려운지를 실감할 수 있는 것이기도 하지만, 그만큼 상대적으로 실패의 쓴 맛을 경험한 청년들이 늘어나고 있다는 것을 반증하기도 하는 것이다. 이에 교회는 청년들이 취업의 높은 문을 뛰어넘을 수 있도록 용기를 심어주고 채용의 기회가 확대되도록 하며, 잘못된 채용관행을 고쳐나가도록 하는 역할을 해야 할 것이다.

교회는 취업을 준비하는 청년들에게 관심을 가지는 일이 급선무다. 취업을 위해 뛰어다니는 청년들은 취업을 향한 열정을 불태우게 되지만, 수차례의 낙방의 고배를 마시게 되면 결국 쉽게 절망하기도 하고 급기야 구직(求職)활동마저 포기하는 상황에 이르게 된다. 이미 일본에서도 청년 실업자가 급증하면서 '실업', '구직포기', '사회낙오', '신용불량', '자살률 증가' 등이 악순환(惡循環) 되어 사회문제가 되기도 하였다. 우리 사회마저 이런 문제가 발생하여 청년들이 꿈을 잃고 방황하게 된다면 우리의 미래는 암울할 수밖에 없을 것이다.

따라서 교회는 취업을 준비하는 청년들에게 미래를 착실히 준비하도록 하는 태도를 길러주어야 한다. 미래에 대한 소망과 비전, 꿈을 안겨 주고, 현재의 고난과 노력이 반드시 미래에 풍성한 결실로 다가올 것이라는 확신을 심어 주어야 한다. 또 이것은 구체적인 훈련 프로그램을 통해 제시되어야 하며, 도시 대형 교회와 교회 연합체가 이를 체계적으로 진행시켜나가야 한다.

교계는 장기적으로 우리 사회에 만연되어 있는 잘못된 취업문화와 기업문화를 변화시켜야 한다. 예를 들면 성별, 나이, 국적, 결혼여부, 외모, 키, 몸무게 등을 따져서 채용하거나 이를 중시하는 한국적인 풍토를 개선해 나가야 한다. 특히 여성의 경우

나이가 일정한 연령 이하거나 용모가 아름다운 여성을 채용하는 관행이 우리 기업문화에 뿌리박혀 있고, 남녀를 차별하는 관행 역시 우리 가정과 사회에 아직 남아 있다.

교회는 이렇게 우리 사회에 뿌리박힌 차별적 관행을 시정하여 능력에 따라 채용하고, 하나님께서 우리에게 부여한 개성(個性)이나 인성(人性)이 강조되게 해야 한다. 또 영어나 전공만을 잘하고 오로지 자신만을 생각하는 '독불장군식'의 인간형이 아닌, 서로가 함께 공존할 수 있는 능력을 갖추고 협동하여 주어진 목표를 달성할 수 있는 기업문화, 사회풍토를 조성해 나가야 할 것이다. 이런 여건이 조성될 때 교회의 여러 기관에서 활동한 개성 있고 창조적인 능력을 갖춘 청년들이 취업경쟁에서 승리할 수 있게 될 것이다.

2. 청년실업시대, 교회가 나서라

> 국가, 청년실업에 적극적인 대책을 수립하라
> 교회, 실업자에게 희망과 용기를 불어넣으라

국내 경제의 침체가 계속되면서 일자리를 찾지 못하는 실업자의 실업률이 높아가고 있고, 그중에서도 청년실업(靑年失業)이 차지하는 비율이 눈에 띄게 증가하고 있다. 2003년 1월을 기준으로 볼 때, 우리나라의 전체 실업률은 3.5%를 기록하고 있고 20대의 청년 실업률은 8.1%를 차지하여 청년실업의 심각함을 엿볼 수 있다. 그리고 실업자들 중의 절반은 20대의 건강한 청년들이 차지하여 인생의 소중한 시기를 실업으로 보내고 있는 것을 알 수 있다.

이들 청년실업자들은 학창시절에 노력을 게을리한 것도 아니고, 특별히 개인적인 능력도 떨어지는 것도 아닌데 실업의 고통을 당하고 있다.

그 원인은 여러 가지가 있을 수 있지만, 나는 국가의 적극적인 고용정책이 미흡한 점, 사회의 구조적인 모순, 그리고 청년실업자의 고통을 외면한 교회의 책임 등에서 원인을 찾고 싶다. 따라서 청년실업의 해소를 위하여 '국가'와 '교회'의 일정한 역할이 필요하다고 생각하며, 고용확대를 위하여 다음과 같은 전략을 제시해 본다.

첫째 실업문제는 개인적인 차원이 아닌 '국가적인 차원'으로 이해하고, 국가의 적극적인 개입이 필요하다는 사실을 인식해야 한다. 일할 능력과 의사가 있음에도 일할 곳이 없다면 그것은 단지 개인의 노력만으로 해결되기는 어렵고, 국가의 적극적인 고용정책이 필요한 것이다.

그리고 지방자치단체에서도 일자리를 만들려는 노력이 있어야 한다. 지역 업체에서 사람을 고용할 때 일정한 비율만큼은 그 지역 주민들이 고용될 수 있도록 하는 장치가 필요하고, 각종 취업교육도 확대해 나가야 할 것이다.

둘째 실업과 불황이 지속됨에 따라, 지치고 곤한 청년들에게 교회가 그들 가까이 다가가는 노력이 필요하다. 청년실업자의 경우는 가족이나 친구, 사회로부터 무능력자라는 꼬리표를 달고 다니는 것이 보통이고, 이로 인해서 정신적으로도 상처를 받고 있다. 이렇게 실업에 처한 사람들, 그리고 장기실업에 빠진 사람들의 정신을 치유할 수 있는 프로그램을 교회나 교계 차원에서 마련해야 한다. 교회가 실업문제를 근본적으로 치유할 수는 없지만 도전정신과 더불어, 다시 일어설 수 있는 용기를 불어넣어 주어야 하고 따뜻한 위로와 이해가 필요한 것이다.

셋째 교회와 사회 그리고 국가가 함께 참여하여 실업을 해결하려는 장치를 마련하여야 한다. 예를 들면 청년취업을 확대할 수 있도록 쓰일 수 있는 '기금'을 조성하는 것도 바람직하다고 본다. 아울러 교회와 지역사회가 연계한 취업정보 네트워크를 구성하는 것도 생각해볼 만하다. 그리고 취업에 있어서 상대적으로 불리한 위치에 있는 장애인, 여성, 고령자들에 대한 대책도 아울러 제시되어야 할 것이다.

3. 직업지도 확대하라

평생직업의 개념으로 자기개발에 힘써야
구직자에게 기독교 직업윤리를 교육하자

취업하기가 힘든 세상이다. 웬만한 기업이라면 경쟁률이 보통 백 대 일이 넘는다. 그래서 구직을 포기하는 젊은이도 늘어난다고 한다. 그리고 취업에 대한 부담감이나 부모의 기대, 동료 간의 경쟁 등으로 스트레스에 시달리는 사람들도 증가하고 있다는 것이다. 이런 상황에서 기독교는 취업을 앞둔 사람들에게 어떤 역할과 기능을 해야 할까?

첫째 기독교계는 취업을 앞둔 청년들에 대한 직업윤리 교육을 강화해야 한다. 최근 어떤 설문조사 결과를 보면 대부분 직업을 단순히 생계를 유지하는 수단 정도로만 여기고 있는 것을 알 수 있다. 그런데 직업이 단순히 생계유지 수단으로 전락한다면, 하나님이 주신 직업에 대한 소명을 깨닫지 못하게 되는 우를 범하게 된다. 직업을 통해 사회에 봉사하고 삶의 보람을 느끼며 자기개발이나 자아실현이라는 또 다른 목적에는 기여하지 못하게 되는 것이다. 이것은 개인에게도 불행이며, 직장이나 사회에도 업무의 불만족으로 이어져 기업의 생산성 저하는 물론 사회 전체의 효율성에도 부정적인 영향을 미치게 된다.

취업을 앞둔 젊은이들도 의식을 전환해야 한다. 평생 동안 그 직장에 다닐 것이라는 '평생직장'보다는 '평생직업'이란 개념을 항상 염두에 두고서, 평생 동안 자신의 능력을 개발할 수 있는 계획을 짜고 이를 실천해야 한다. 그리고 각종 직업 훈련에도 적극적으로 참여해서 소위 자신의 '몸값'을 높여야 할 것이다. 즉 다양한 경험과 기능을 연마하고 자격을 취득하여 여러 직장에서 원하는 사람이 되어야 한다는 것이다.

둘째 기독교계는 고령자와 여성, 장애인, 장기실업자 등 취업에 있어서의 취약계층에 관심을 두어야 한다. 이런 취약계층을 채용하는 기업에 대한 정부차원의 정책적 지원을 강화해야 하고, 기독교계 차원에서도 이들의 고용안정에 실질적인 도움을 줄 수 있는 지원책을 제시해야 할 것이다. 기혼 직장여성들의 육아문제에 대해 기독교계가 적극적으로 대처해야한다. 그런 의미에서 주중에 교회의 유휴시설을 사회에 일정부분 개방하는 것도 좋을 것이다.

셋째 교계 차원의 '직업지도'는 물론, 기독교관련 직장을 주축으로 한 직장체험이나 인턴 직업훈련을 확대해야 한다. 그리고 가능하다면 취업을 알선하고 일자리를 제공해야 할 것이다. 그래서 이런 일련의 과정을 종합적으로 체계화할 수 있는 장치가 교계에 마련되어야 한다고 본다. 즉 직업상담센터를 교계 차원에서 공익목적으로 설치 운영해야 하며, 기독교의 직업적 의미가 널리 교육되어져야 할 것이다.

4. 신이 다니고 싶은 직장

교계, 소명의식 일깨워 주는 장치 마련해야
'신이 내린 직업'에 대한 모델을 제시하자

신이 다니고 싶은 직장이 있단다. 높은 연봉에 안정적 근무를 보장하여 사람들이 부러워하는 직장이다. 이런 직장이라면 "신(神)도 부러워한다"는 것인데, 이를테면, 편법적인 임금인상과 과노한 성과급 시급, 퇴직직원 '밀어주기' 등의 방만한 경영이 만연한 어느 직장을 비꼬아 일컫는 말이다. 이런 말이 나온 연유를 따져 보면 우리가 직업에 대해 어떤 관점을 갖고 있는지를 알 수 있다.

직업이란, '사회에서 사람들이 재능과 능력에 따라 일을 하며, 그에 따른 대가로써 경제적 급부를 받아 생활해 가는 활동양식'이라고 할 수 있다. 직업으로 인간은 살아갈 수 있는 기본적인 삶의 토대를 마련하며 서로에게 도움을 준다. 더 나아가 직업을 통해 주위 사람들로부터 인정을 받고, 일에 보람을 느끼는 "자아실현"이 이루어져야 한다.

그렇지만 우리 사회는 언제부턴가 고용이 안정되며 높은 연봉을 받는 것만을 최고의 직장으로 강조하고 있다. 연봉의 많고 적음에 따라 사람의 가치도 판단된다. 그 사람이 세상에서 얼마나 성실하게 하나님의 뜻에 따라 이웃과 함께 사랑을 나누었는지에 대해서는 관심 밖이다.

교회는 직업에 대한 올바른 가치관을 심어줘야 한다. 많은 사람들이 소위 '3D업종'을 회피하고, 깨끗하고, 쉽고, 편안한 직업만을 찾는 현실에서, 이웃을 위해 땀을 흘리며 번 소득에 대한 소중함도 알려야 한다.

나는 기독교계에서 소위 '신이 다니고 싶어 하는 직장'의 모델을 제시할 필요가 있다고 본다. 경제적인 가치나 고용의 안정성보다는, 사회기여 정도를 중시하는 그런 직장이다. '돈잔치'나 '억!' 하는 연봉에만 소리치지 말고 사회의 가장 낮은 자를 위해 봉사하는 일들이 많아졌으면 한다.

직업(Calling)은 "하나님의 부르심에 대한 응답"이라고 할 수 있다. 그래서 직업에 대한 소명의식을 갖고, 즐겁고 신나게, 하나님의 부르심에 합당하게 일해야 하지 않겠나. 하나님께서 부여해 주신 달란트(talent)를 발견하게 하고 이것을 개발하는 일이 중요하다. 개인의 소질, 적성, 흥미, 능력, 가치관 등을 고려하여 특성에 맞는 직업지도를 하자는 것이다.

한편 기독교계는 직업을 통해 사회에 봉사하고 긍지와 보람을 느낄 수 있도록 소명의식을 일깨워 주는 장치를 마련해야 한다. 신학대학 등을 비롯한 교육연구기관은 직업의 기독교적 의미를 확대갈 수 있는 연구를 깊고 넓게 해야 할 것이다.

5. 직장선교를 꿈꾸자

직장은 삶의 현장이요, 선교 무대다
체계적인 훈련 프로그램 마련돼야

　며칠 전 나는 우리 지역의 직장선교 연합체 모임에 참석하여 하나님을 찬양하며 경배하는 예배를 드렸다. 많은 직장인들이 선교에 대한 열망과 꿈을 가지고 있음을 확인하는 자리였는데, 새해 각기 처한 직장에서 예수 그리스도를 드높이겠다는 결단의 시간이었다.

　직장은 자아(自我)를 실현(實現)하며 능력을 발휘하는 장(場)으로서의 의미를 지니고, 자신의 삶을 통해 직장의 상사나 동료,

부하들에게 상당한 영향을 끼치기도 한다. 그야말로 직장은 삶의 현장이요, 터전이요, 선교의 무대인 것이다.

직장에는 이미 기존 평신도들이 상당수 있으며, 이들도 직장에서 나름대로의 역할을 하고 있다. 그렇지만 이들이 하나님께서 원하시는 영향력 있는 삶을 얼마나 살고 있는지는 의문이다. 그저 주일날 집회에 참가하는 정도로만 위안을 찾기에 급급해하는 안일한 신앙의 모습은 아닌지 자문해 본다.

직장에서 기독교인들은 긍정적인 영향을 미치며 빛과 소금으로서의 역할을 할 수 있어야 한다고 본다. 이를 위해 부단한 노력과 자신이 썩어지는 아픔을 감당해야 하는 것이다. 즉 한 알의 밀알이 그대로 있으면, 열매를 맺지 못하고 그 씨앗이 썩어져야 많은 열매를 맺을 수 있듯이 직장에서 한사람의 평신도의 역할이 매우 중요할 것이다. 이런 역할을 위해서는 평신도를 훈련하고 직장선교의 특공대로서의 기능을 담당하는 기독단체들의 전략이 필요하다고 본다.

직장을 복음화하기 위하여 평신도를 훈련할 수 있는 체계적인 프로그램이 마련되어야 한다. 직장 내에서 시간을 효율적으로 관리하여 자신에게 주어진 직장 업무에도 커다란 성과를 올리는 한편 선교사업에도 부지런히 일할 수 있는 기틀이 마련되어야 할 것이다. 내가 근무하는 직장에도 기독교인이 상당수 있지만 이들을 하나님이 사용 하시기에는 준비되어 있지 못한 듯한 느낌이다. 이들을 좀 더 다듬고 정예화하여 지속적인 직장선교를 감당하도록 해야 하는 한국교회 차원의 노력이 필요한 것이다.

기독단체와 선교단체 간의 유기적인 연대를 통해서 집중적인 평신도 중심의 선교전략을 세우며, 이들을 훈련하여 파송할 수 있는 체제를 갖추어야 한다. 초교파적으로 직장 사역을 전문화할 수 있는 시스템을 구축하고 직장복음화에 대한 일꾼을 양성해야 한다.

직장 내 기독인들의 성경공부와 기도, 전도방법들을 교육하며, 실제적으로 직장에서 예수님의 제자로서 어떤 일을 어떻게 해야 하는지를 깨닫게 하는 것이 급선무일 것 같다. 직장 선교를 위한 단기대학을 개설하고 직장선교를 담당할 지도자를 양성하는 일이 필요할 것이다.

6. 직장은 선교의 바다

> 평신도 훈련에 시간과 노력 투자하고
> 교회는 직장 선교에 눈높이를 맞춰야

사회가 좀 더 따뜻하고 깨끗한 세상이 되고 직장이 되려면, 사회의 여러 영역 중에서 우리의 직장생활이 변해야 한다고 본다. 특히 우리가 날마다 가까이 대하는 직장 상사와 동료, 부하들에게 자신이 먼저 변화하는 모습을 보여주는 역할이 **중요한** 것이다.

나는 며칠 전 광주광역시청 기독신우회가 주최한 광주광역시 개청 감사예배에 참석한 적이 있다. 기독신우회의 많은 그리스도인들이 직장에서 빛을 발하고 찬양과 경배를 드리는 모습에 매우 놀랐다. 삶에 지치고 시간에 쫓기는 생활 가운데 일정한 시간을 하나님께 드리고 하나님의 뜻이 이 땅에 실천되기를 바라는 사람들의 모습이 너무 아름다웠다. 나에게는 직장선교의 중요성을 깊이 인식하는 계기가 되었는데, 한국교회가 평신도 역할의 중요성을 인식해야 한다는 사실을 알았다. 그래서 교회가 평신도의 훈련과 지원에 노력해야 한다고 보며, 직장선교에 대해서 어떤 인식을 가져야 하는지 생각해 보기로 한다.

첫째 직장은 세상을 향해서 선교하는 연결 통로 또는 접합점이라는 인식을 해야 한다. 그런 의미에서 교회는 평신도의 훈련에 좀 더 많은 노력과 시간을 투자하고, 관심을 보여야 한다. 목회자가 할 수 없는 역할과 기능을 직장 안에서 기독신우회(基督信友會)를 통해서 할 수 있기 때문이다. 어떤 면에서 직장 내에서 기독신우회 활동을 한다는 것은 자신의 모든 생활이 투명하게 드러나게 되어 매우 어려운 상황이 될지도 모른다. 그렇지만 직장에서 빛과 소금의 역할을 해야 하는 것은 당연하고, 이런 생활의 열매를 보고 직장복음화는 달성될 수 있게 된다.

둘째 교회는 직장선교에 눈높이를 맞춰야 할 것이다. 교회가 교회 내의 자치기구나 교육기관에 대한 일에 치중한 나머지, 교회 밖에서 펼쳐지는 직장문제, 직장 내의 갈등구조, 직장에서 예수 이름을 드높이는 일 등에는 등한시하는 경향이 있다. 이제 교회가 직장선교에 눈높이를 맞춰 성도들이 건강하고 행복한 삶을 누리도록 해야 할 것이다.

셋째 직장선교는 거창한 '구호'보다는 '일상생활'을 통해서 이루어진다고 본다. 직장인이 자신의 직장 분위기를 밝고 깨끗하게 만들고, 은연중에 예수의 복음이 전해질 수 있도록 해야 한다. 직장인이 함께 고민하고 부대끼면서 예수의 복음을 전파해야 한다는 것이다. 직장생활에서 예수로 자신의 삶을 '만족(滿足)'하게 하고 한 걸음 더 나아가, '감동(感動)'하게 하는 수준에 이르러야 한다는 것이다.

직장이 곧 삶의 현장이므로 이곳에서 예수님이 보이셨던 희생(犧牲)과 낮아짐의 겸손을 드러낸다면 이보다 값진 삶이 있을까?

제7장

이웃과 함께 하는 삶

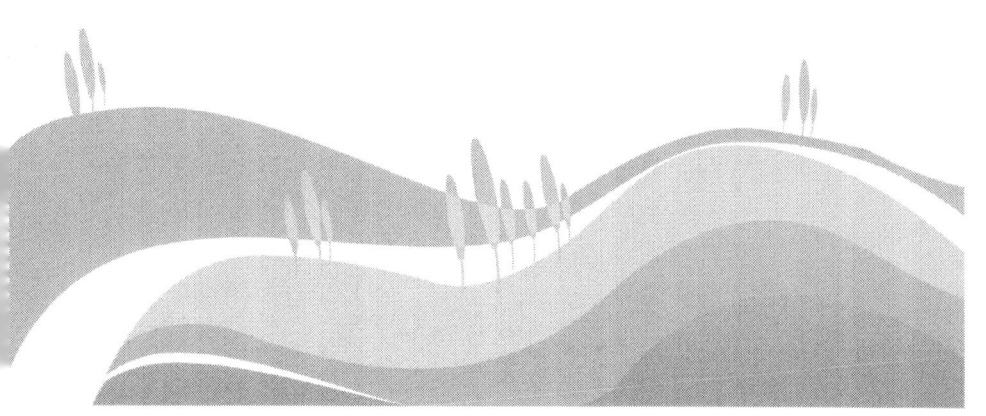

1. 소외계층을 품에 안자

> "부자들은 무조건 나쁘다"라는 편견 바꿔야
> 소외계층을 향한 섬김의 모습을 드러내자

아, 정말 충격적이다. 부유층과 여성만을 골라 1년도 안 되는 기간에 20여 명을 살해한 엽기 범인이 붙잡혔다고 한다. 일면식도 없는 사람을 범행의 표적으로 삼았고, 계속 살인을 저질렀다고 하니 참으로 벌어진 입이 다물어지지 않는다. 더욱이 범행동기가 사회에 대한 분노와 증오심 때문이라고 하니, 우리 사회의 일그러진 모습을 어디서부터 어떻게 치료해야 할지 아득하기만 하다. 이 사건은 한국 교회와 우리 사회가 어떤 역할과 책임을 느껴야 하는지 그 시사점을 던져주고 있다.

요즘 빈곤의 늪에 빠져 있는 사람들이 참으로 많고, 이런 환경에 처하게 된 원인도 다양하다. 그런데 자칫하면 빈곤에 처한 자신의 처지가 자기 몫을 약탈해 간 부자들 탓이라며 적개심을 품는 경우도 있다. 그래서 사회의 특정 계층을 응징의 대상으로 여기는 경우가 있는데 이는 지나친 편견에서 비롯된 것이라 할 수 있다. '부자들은 무조건 나쁘다'라는 편견을 바꿔나가야 하며, 생명을 경시하는 사상이나 대중문화도 변화시켜야 한다.

교회는 빈부 계층 간에 위화감을 치유하고 사회 각 분야에 걸친 정화운동을 대대적으로 전개해야 한다. 동일한 시대를 살아가는 사람들이 서로의 기쁨과 아픔을 함께 나누며 평화와 나눔을 실천하는 것은 하나님의 창조섭리일 것이다. 특히 사회의 소수자만이 온갖 부(富)와 특권, 명예를 누리며 살아가는 반면에, 상대적으로 이러한 부와 명예로부터 소외된 사람들이 늘어나는 사회는 바람직하다고 볼 수 없다. 만일 우리 사회에 좌절과 소외를 경험한 사람들이 점차 다수를 차지하고 증오심을 가진 사람들이 가득하게 된다면, 우리 사회는 그야말로 총체적 위기를 맞게 될 것이다.

한편 교회는 하나님께서 우리에게 주신 생명을 소중하게 여기는 생명을 중시하는 풍조를 만들어 나가야 한다. 소외감이나 좌절감에 빠져 있는 사람일수록 자신의 생명을 소중하게 여기게 하고 자신의 역경을 극복하려는 용기를 불어넣어야 한다.

한국교회가 좀 더 소외계층을 향한 메시지와 섬김의 모습을 드러내야 한다. 우리 사회에 사회적 병리 현상을 고쳐나가며, '도덕 재무장' 운동을 펼쳐 나가야 하는 것이다.

교회는 이런 가난하고 소외 받고 억눌린 자들을 위한 구체적인 프로그램을 마련하여, 사회를 통합하려는 노력을 해야 한다. 교계가 연합하여 증오와 미움, 좌절감에 빠져 있는 사람들을 찾아가서 그들을 따뜻하게 안아주고 사회에 적응하도록 하는 각종 프로그램을 제시해야 할 것이다.

2. 나눔의 전략

소득과 시간, 재능을 어려운 이웃과 함께 나눠야
비장애인, 장애에 대한 불편 체험도 의미가 있어

성탄절이 다가오면서, 교회 내 성탄절 행사 준비가 한창이다. 정말 의미 있는 성탄절이 되기를 기원하는 성도들의 마음들이 모아지고 있다. 한편 성탄을 준비하는 요란한 소리와는 달리 사회의 약하고 가난하고 소외 받는 이들에 대한 관심은 상대적으로 적은 것 같다. 성탄절의 행사가 그저 교회 내의 화려한 행사로만 끝나는 아쉬움이 있는 것이다. 그리스도가 사회적인 약자와 함께 하시고 그들에게 많은 관심을 보여주셨던 것과는 매우 대조적이라고 할 수 있다. 그래서 너희의 소유를 "가난한 이들에게 나눠 주라"는 외침이 우리의 가슴을 찌르고 있다.

교회가 예수님의 가르침대로 '나눔'을 실천하려 할 때, 이를 구체적으로 어떻게 해야 하는지 그 전략적인 방법을 생각해 보기로 한다.

첫째 교회는 나눔을 실천하는 데 있어서, 나눔의 대상을 '금전(金錢)'으로만 한정해 왔던 종래의 방식에서 벗어나야 한다. 단순히 '금전'만을 강조하는 것은 매우 근시안적인 시각이라고 할 수 있기 때문에 자신이 가진 모든 것으로 확대하고 다양화할 필요가 있다. 자신이 가진 시간이나 재능을 비롯하여 각종 능력들을 어려운 이웃에게 나눠주고, 이웃에게 기쁨을 주도록 해야 한다. 노래를 잘하는 사람은 노래로, 악기를 잘 다루는 사람은 악기로, 빨래를 잘하는 사람은 세탁으로, 그리고 그 이외에 다양한 방법으로 나눔을 실천하는 계기가 마련되어야 할 것이다.

둘째 나눔에 있어서 그 정도를 구체화하도록 해야 한다. 교회의 십일조와 헌금 이외에 구체적으로 어느 정도를 나눠야 할 것인가? 적어도 요즘 제시되고 있는 자신의 소득, 시간, 노력의 1%이상이 되어야 할 것이다. 그런 의미에서 어려운 이웃과 나누는 '1% 나눔 운동'에도 동참할 필요가 있다. 그리고 직장생활을 하는 성도라면 직장에서 폭탄주와 흥청망청한 모습으로 지내는 망년회 문화를 바꿔 봉사활동으로 한 해를 되돌아보도록 하는 것도 커다란 의미가 있을 것이다.

셋째 비장애인이 고통을 당하는 사람들의 이해의 폭을 넓혀야 한다는 의미에서, 장애인들이 겪는 불편과 고통을 체험해 보는 것도 중요하다고 본다. 왜냐하면 아무리 장애인을 비롯한 사회적인 약자를 이해한다고 외치는 것보다 단 몇 시간이라도 장애를 체험하는 것이 의미 있기 때문이다. 이런 장애체험활동도 교계 차원에서 마련되어야 하고, 또 나눔에 대한 구체적인 프로그램도 교계가 함께 고민해야 할 부분이다.

3. 장애인을 돕는 장치

중증장애인의 자립생활지원대책을 세우라
교계, 장애인에 대한 복지정책 제시해야

소수자(小數者)라는 이유만으로 인간으로서 누려야 할 행복을 누리지 못하는 경우가 있다. 외국인노동자, 전염병환자, 중증장애인 등이 그들이라고 할 수 있는데, 사회적 소수자에 대한 배려와 관심은 하나님의 정의(正義)를 실천하는 방법 중의 하나가 될 수 있다.

나는 여기서 장애인에 대한 교계의 관심이 확대되길 주장하고 싶다. 장애인이 '인간다운 삶'을 누리고 '행복'을 추구하도록 하는 것은 매우 의미 있는 일이기에, 장애인의 사회적 지위를 향상시키고, 장애인 개인의 능력을 계발할 수 있도록 해야 한다. 왜냐하면 예수 그리스도의 사랑으로 장애인에 대한 각종 서비스를 확대하고 장애인 복지정책이 실천되게 하는 것은 기독교인의 책임이기 때문이다.

장애인복지는 요즘 장애인시설을 벗어나 지역사회에 함께 동참할 수 있는 환경을 만들어 가고 있고, 지역사회 안에서 이웃과 더불어 생활하는 것을 지향하고 있다. 즉 장애인들의 '탈시설화'경향이 세계적인 추세인데, 이는 앞으로 교회에서 장애인을 위한 다양한 프로그램을 마련해야 할 이유라고 생각한다.

이런 의미에서 광주광역시의회가 전국 최초로 '중증장애인자립생활 지원 조례'를 통과(2006년6월26일)시킨 것은 큰 의미를 가지고 있다. 이 조례는 주민발의로 우여곡절 끝에 만들어지게 된 것인데, 그 내용은 광주지역 중증장애인 보조인 경비와 중증장애인들의 주거환경 개선에 대해 예산을 지원하도록 한 것이다.

구체적으로 이를 살펴보면, 광주광역시는 세면과 목욕, 식사준비, 외출동행, 업무보조, 보육 등 중증장애인의 활동을 돕는 보조인에게 예산범위 내에서 지원할 수 있도록 하였다. 또 중증장애인의 주거환경 개선과 학습권 보장, 접근권 보장, 심리적(정서적)안정, 자립생활에 필요한 교육 및 홍보, 복리증진에 필요한 사회복지 차원에서 예산을 지원할 수 있도록 했으며, 이 밖에 장애인의 자립생활을 지원 장려하는 데 필요한 사업을 종합적으로 수행하기 위해 장애인 자립생활센터를 설치해 업무를 위탁할 수 있도록 하고 있다. 이는 지방자치단체의 장애인복지에 대한 의무를 강조한 것이며, 장애인시책을 확대한 것으로 매우 진일보한 성과물이라고 생각한다.

차제에 기독교계는 장애인에 대한 차별과 편견을 시정하는 데 우선적으로 노력해야 한다고 본다. 또 교계 차원에서 장애인의 장기실업에 대한 예방책 및 복지정책을 제시해야 할 것이며, 장애인에 대한 다양한 직업재활서비스를 연구하는 기독 교육연구기관이 확대되길 기대한다.

4. 노인의 소외감을 해결하라

> 교계는 노인문제에 적극적인 관심 가져야
> 일자리 마련 등에 교회의 협력도 필요하다

우리 사회가 노령화 사회로 급격하게 진전됨에 따라 노인에 대한 여러 가지 문제가 발생하고 있다.

최근 통계청에서 발표한 자료에 의하면, 60세 이상 고령자가 생각하는 주된 노인문제는 '건강문제'외 '경제적 어려움', '외로움과 소외감' 등이라고 한다.

이런 문제에 당면한 노인들이 소외감을 극복하도록 신앙적인 교제가 이루어져야 할 것이며, 노인들이 경제적인 도움을 얻고 보람을 느낄 수 있도록 노인들에게 적합한 일자리를 만들어 주어야 할 것이다.

얼마 전 55세 이상 장·노년층 구직자들에게 일자리를 찾아주는 '실버취업박람회'가 열린 적이 있다. 취업을 원하는 장·노년층에게 일자리 상담 및 취업정보를 제공하였는데, 많은 노인들이 성황을 이루었다고 한다. 노인들이 얼마나 일자리를 원하고 있는지를 단적으로 보여주는 대목이다.

일부 지방자치단체에서 노인문제에 대한 적극적인 대책이나 시책을 수립하기보다는 노인인구 증가에 따른 지방세 부담률의 증가나 경직적인 세입구조를 지적하며 재정의 건전성이 훼손될 것이라는 걱정을 하고 있다고 한다. 그렇지만, 노인인구가 증가하는 것을 단순히 부정적으로만 볼 것이 아니라, 대처방법에 따라서는 오히려 축복의 통로로 변할 수 있음을 알아야 한다.

국가적으로는 일할 수 있는 정년을 늘려서 노년층이 계속 일할 수 있도록 근로기회를 확대해야 한다. 또 교회나 사회단체에서도 노인들에게 적합한 일자리가 제공되도록 협력해야 할 것이다.

지방자치단체의 환경이나 복지사업 중에서 노인에게 적합한 일자리를 만들어서 제공하는 것은 우리 사회의 공익(公益)에도 커다란 도움이 될 것이다.

예를 들면, 거리환경개선, 교통질서지도, 공원관리원, 주차관리원 등 노인들에게 적합한 일자리를 발굴해야 한다. 또 숲 생태나 문화재 해설사 등은 노인들에게 적합하다고 생각되며, 이런 일들을 할 수 있도록 기회를 제공하면 좋겠다.

교회가 노인일자리를 직접적으로 마련한다는 것은 어렵겠지만, 노인이 자신의 일을 통해서 생애 보람을 느끼고 인생의 의미를 찾을 수 있도록 관심을 갖는 것이 무엇보다 중요하다. 또 교계 차원에서 노인문제를 연구하며 노인들에게 직접 도움을 줄 수 있는 방안도 제시해야 할 것이다.

5. 비정규근로자의 절규를 들어라

비정규근로자들의 절규에 교회가 응답하자
경제 구조적 모순에 선지자적 목소리 높여야

　최근 경제가 어려워지면서 비정규근로자들의 아픔이 현실로 나타나고 있다. 며칠 전에는 명문대학을 졸업한 대학 시간강사가 경제난을 이유로 자살한 사건도 있었다. 우리 주변에는 이런 비정규근로자들을 쉽게 찾아볼 수 있고, 노동시장이 유연화(柔軟化)되면서 앞으로 이들은 계속 늘어날 것이다. 통계청의 발표에 의하면, 임시직과 일용직 근로자 등 비정규근로자는 전체 근로자의 52.2%를 차지하고 있다(2003년 1월 기준).

실제로 노동현장에서 묵묵히 일을 하고 있지만, 비정규근로자들의 대우는 너무나 열악하다. 외환위기 이후에 정규직과 비정규직의 임금 격차는, 똑같은 노동을 해도 2-3배가량 차이가 나고 있으며, 각종 근로조건에서 차이는 엄청나다. 이러한 현실에서 기독교와 국가는 어떤 역할과 책임감을 느껴야 할 것인가?

첫째, 국가에서는 비정규근로자의 근로조건이 저하되지 않도록 정책적인 대책을 수립하고, 근로기준법에 제시된 근로조건 보호의무를 다해야 한다. 사회적 약자의 위치에 있는 비정규근로자들을 보호할 책임이 '국가'에게 있는 것이다. 만일 국가에서 이러한 역할을 다하지 못한다면, 비정규근로자들의 절규는 하늘을 찌를 것이며, 그들의 피와 눈물이 천지를 뒤덮을지도 모를 일이다.

둘째, 고용보험, 산재보험, 국민연금, 건강보험 등 4대 사회보험이 전체 근로자에게 확대되어야 한다. 이미 일부 비정규근로자에게도 이들 사회보험이 적용되고 있지만, 현실적으로 혜택을 받지 못하는 이들이 많은 게 현실이다. 임시직이나 계약직 근로자들은 사회보험에서 등한시될 소지가 다분하다. 이런 현실에서 국가의 적극적인 관여가 요청된다고 할 것이다.

셋째, 교회는 비정규근로자들에게 소망을 주고 위로하는 역할을 감당해야 한다. 날마다 신용카드의 빚 독촉에 시달리는 서민들이 어디에서 위안을 얻겠는가? 그리고 하나님의 기적을 바라는 성도들의 마음을 누가 알 수 있겠는가? 화려한 교회건물도 좋지만, 날마다 고통 속에서 신음하는 비정규근로자들과 서민들의 아픔을 교회가 알아차려야 한다. 비정규직의 아픔 속에서 날마다 한숨과 걱정으로 살아가는 가장(家長)들의 모습에도 관심을 가져야 한다.

넷째, 교계 차원에서도 비정규근로자들의 문제를 직시할 필요가 있다. 저임금과 열악한 근로조건에 시달리며 경제발전의 희생양이 되고 있는 비정규근로자들의 절규에 교회와 교계는 응답해야 한다.

일할 의사와 능력이 있음에도 불구하고 일할 곳이 없는 사회경제적인 구조가 문제이고, 이런 구조적 모순에 대해서 교회는 선지자적인 목소리를 높여야 할 것이다.

6. 외국인노동자에게도 인권이 중요하다

> 강제추방 위기에 놓인 사람들에 대해 관심 갖고
> 인권개선을 위해 제도적 장치 마련하여야 한다.

　교회에서 외국인노동자(이주노동자)에 대한 부분은 매우 등한
시되고 있는 것이 현실이다. 아마 자신이 속한 교회사정이 어렵
고 힘든 상황인데, 외국인노동자들에 대한 부분까지 관심을 갖
기에는 역부족인 것 같다. 그렇지만 교회는 "나그네 된 자를 귀
히 여기고, 약하고 가난한 사들과 함께 하라"는 하나님의 음성
을 들어야한다. 그런 측면에서 교계 차원의 이주노동자에 대한
관심은 확대되어야 한다고 보며, 이들을 위한 일을 생각해 보기

로 한다.

우선 이주노동자에 대한 각종 권리를 보호하기 위한 조치들이 아직 국제적인 수준에 미달하고 있는데, 이를 국제적인 수준으로 끌어올리도록 노력해야 한다. 이미 UN총회에서는 1990년에 '모든 이주노동자와 그 가족의 권리 보호를 위한 국제협약'이 통과되었고, 현재 세계 20개 국가에서 비준을 받아 효력을 발휘하고 있는 상황이다. 그렇지만 우리나라는 아직 비준(批准)을 하지 않고 있다. 우리 기독교계는 인간의 존엄과 행복추구라는 관점에서 국회비준을 촉구해야 한다고 본다.

한편 교계는 강제추방으로 자살 위기에 놓여있는 사람들에 대한 관심을 확대해야 한다고 본다. 우리나라는 2004년 8월 고용허가제 시행을 위해 단속을 벌여, 불법 이주노동자들을 강제추방하고 있는 상황이다. 광주·전남 지역의 경우는 불법체류 외국인 노동자 1천 400여 명이 고용허가제 도입에 앞서 합법적으로 일하고 있다. 이는 불법체류 외국인 노동자 합법화 신청으로 체류확인 등록을 마쳤기 때문이다. 이런 등록률은 총 대상자(1천 562명)의 93.7%인데, 전국 평균(83%)보다 훨씬 높은 수치다. 그렇지만 문제는 이런 수치에도 불구하고, 재중동포와 외국인들 중에 강제 추방의 위기에 놓인 사람들이 많고, 또 늘어날 가능성이 많다는 것이다. 그들이 놓인 상황을 일일이 나열하지 않더라도 이들 상당수가 강제추방에 대한 걱정과 불안, 공포 때문에 온갖 어려움을 겪고 있으며, 심지어는 자살을 택하는 사람들도 늘어나고 있다.

따라서 외국인노동자에 대한 인권문제에 관심을 가져야 한다고 본다. 특히 외국인 여성노동자에 대한 인권은 매우 심각한 것으로 알려져 있다. 그래서 한국인과 결혼한 외국인 노동자에 대해서 일정한 배려가 있어야 할 것이다. 또 외국인 노동자의 인권이 침해되지 않도록 일정한 기준을 마련해야 하고, 이런 기준에 미달하여 권리가 침해되었을 경우에는 이를 구제할 수 있는 장치도 필요한 것이다. 교계 차원에서도 외국인노동자들에게 인간다운 생활을 보장해 줄 수 있는 배려와 아울러 제도적인 장치가 필요하다고 본다.

7. 농민의 고통을 이해하자

> **빚더미에 빠진 농민에게 희망주고
> 농촌교회 목회자의 눈물 닦아줘야**

농민들의 절규와 반발이 계속되고 있다. 주요 국도와 고속도로에 농기계를 동원하기도 하고, 특정장소 점거농성을 시도하는가 하면 심지어는 분신을 시도하면서 '쌀 관세화 유예 협상에 대한 비준 동의안' 국회 처리에 반발하고 있는 것이다.

이는 농사를 짓고 있는 농민들의 어려움을 그대로 나타내고 있는데, 우리 삶의 뿌리인 농촌이 피폐해 가고 있음을 증명하고 있다고 볼 수 있다. 이런 농촌의 피폐는 농촌교회의 어려움으로 이어지고 있다.

나는 전남 장성의 어느 농촌마을에서 태어나 그곳에서 뒹굴고 노래하며 살아왔다. 시골교회에서의 추수감사절, 부활절, 성탄절 행사는 지금도 아름다운 추억으로 남아 있으며 즐거운 신앙생활의 기억들이 새롭다. 하나님을 향한 뜨겁고 정다운 신앙의 모습이었다. 이런 시골교회가 나의 작은 신앙의 뿌리였고, 못자리인 셈이다. 신앙의 영양분을 시골교회에서 공급받았다. 어떤 면에서 오늘날 화려한 도시교회의 성장의 밑바탕에는 시골교회의 헌신과 눈물이 있었다고 볼 수 있다.

그러나 경제력이 풍부한 사람들과 지식인들, 청년들이 농촌을 떠나고 있고, 백발이 무성한 노인들만이 농촌교회를 지탱하고 있는 현실이다. 도시로 향하는 교인들이 계속 발생되는 상황에서 농촌교회의 경제적인 어려움이 계속될 수밖에 없다.

더 이상 농촌과 농촌교회를 방치해서는 안 된다. 내가 농촌 출신이라서가 아니라, 농업의 희생을 기반으로 한 산업화 과정에서 소외된 땅에 대한 당연한 배려가 있어야 하기 때문이다. 농가(農家) 평균 빚이 2004년 2700만 원이고, 늘어나는 빚더미로 빈곤의 늪에 빠져 있는 사람들을 기억해야 한다. 우루과이라운드(UR)협정 발효에 따른 시장개방 때문에 농가의 어려움이 가중되고 있음을 직시해야 하는 것이다.

한국교회가 시골교회와 농촌문제를 위해 기도해야 한다. 농민의 어려움으로 흘리는 눈물과 시름은 곧바로 농촌교회 목회자의 고통으로 연결되고 있다. 농촌문제의 근본적 해결을 위한 기도와 함께 농촌선교에 관한 새로운 인식이 요청되고 있다.

농촌교회 목회자의 사례비, 자녀 교육문제 등 농촌목회자가 당면한 어려움을 해소하기 위한 대책이 절실히 요구되고 있다. 교회는 농민에게 희망을 제시해야 하고, 국가와 지방자치단체를 향한 예언자적 목소리를 내야 한다. 기독교계 차원에서 농촌목회자들을 위한 대책을 마련하고, 농촌문제 해결을 위한 특별기도회를 선포해야 할 것이다.

8. 교회의 구제는 확대돼야

교회예산 절반 이상은 구제비로 사용하고
빈곤 늪에 빠진 가정에게 꿈과 희망을 전달하라

우리 경제가 위기에 처했다는 전문가의 진단이 나오고 있는 상황이다. 실업자는 늘어나고, 기업들은 우리나라를 떠나 중국으로 향하고 있다. 상인들은 경기가 바닥이라고 한숨소리만 가득히며, 가구당 빚이 약 3천만 원으로 사상 최대 규모를 기록하고 있다.

그런데 다른 한편에서는 이번 추석 황금연휴에 해외여행을 떠나는 사람들이 많이 있다고 하니, 정말 '부익부 빈익빈' 현상은 더욱 심해져 어려운 서민들만 서러운 명절이다. 신용불량자들을 비롯한 빈곤계층들과 가계부채로 신음하는 사람들을 향한 교회의 절대적인 관심이 필요하다. 교회는 어려움이나 좌절에 처한 서민들과 성도들의 가정에 꿈과 희망의 메시지를 전달할 뿐만 아니라, 현재의 고난을 극복할 수 있는 자신감을 불어넣어 주어야 한다.

명절이 다가올 때마다 교회는 어려움에 처한 성도들과 함께 고난을 나누자고 외치고 있지만, 교회 전체예산을 따져 볼 때 구제사업과 복지사업에 책정된 예산은 미미한 것을 볼 수 있다. 물론 교회 신축과 증축 등 각기 처한 환경과 여건이 다르지만, 초대교회의 정신에 따르자면 적어도 교회 예산의 50%는 선교와 구제사업에 사용해야 한다고 생각한다. 경제사정이 악화되어 '빈곤의 늪'에서 신음하는 사람들이 부르짖는 최소한의 기간만큼은 사회에 대한 구제예산을 긴급하게 확충할 필요가 있다고 본다.

또 교회에서 구제사업을 펼치는 방식에도 문제가 종종 발견된다. 대예배 광고를 통해서 구제사업을 홍보(?)하고 그 대상자까지 발표해 가면서 요란하게 거창한 작업을 하는 경우가 있다. 이것은 도움을 받는 사람의 입장에서는 자존심을 상하게 하는 일이 되며, 오히려 구제사업의 빛을 바래게 할 수 있음을 유념해야 한다. 그래서 '오른손이 하는 일을 왼손이 모르게 하여' 어려움에 처한 성도를 격려해야 할 것이다. 예수님의 마음으로 '무의식적인 습관'처럼 교회 내에 정착되어야 할 것이며, 이런 구제와 선교, 지역복지 사업은 명절 등 특정한 시기에만 행해질 것이 아니라, 항상 일상적 반복적으로 교회에서 주도해야 할 것이다.

그러므로 교회의 구제활동에 대한 관심이 교회 '안'에만 머물 것이 아니라, 교회 '밖'으로 펼쳐져야 한다. 이 일을 위하여 교회 예산 규모와 분배를 좀 더 전향적으로 검토해야 할 것이며, 소외되고 가난하고 병든 자들, 고아들, 과부들을 포함한 사회적 약자들에 대한 관심을 확대하여야 할 것이다.

제8장

가정의 회복과 치유

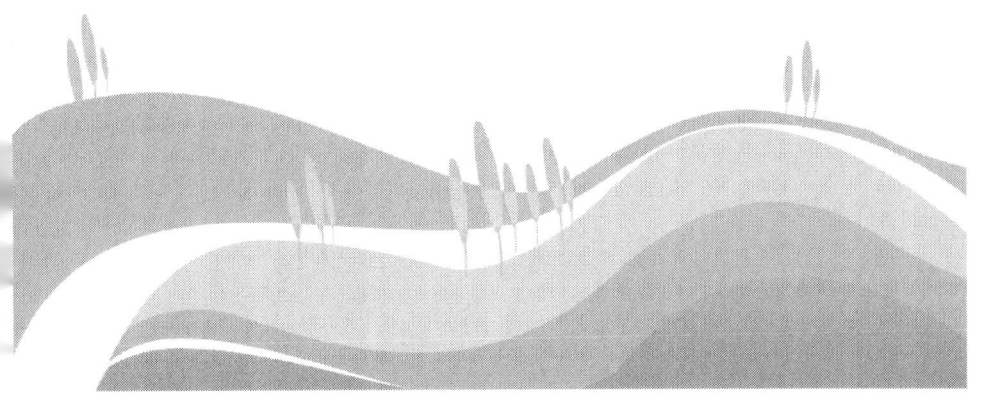

1. 가정의 회복과 치유

> 하나님은 건강하고 풍요로운 가정을 원하신다.
> 교회는 중병에 걸린 가정을 치유하고 회복해야

2003년은 대선 자금 비리자금 소식으로 소위 '차떼기'라는 말이 유행하여, 빈곤에 처한 서민들에게 더욱 좌절을 안겨 주었다. 가정에서는 청년실업과 생활고로 실의와 허탈, 좌절 등을 경험하였다. 그중에서도 경제적인 어려움이 가정에 끼친 영향은 참으로 대단했다.

어느 주부가 아파트 15층에서 딸들을 던진 사건이 있었고, 사업실패로 비관한 가장이 공기총으로 아내와 자녀를 죽이고, 스스로 목숨을 끊었던 일도 있었다. 정말 생각하기에도 끔찍한 일들이 우리의 가정에서 일어났다. 이제 과거의 고통과 아픔을 다 뒤로 하고, 가정에 평화와 기쁨이 깃들길 소망한다. 그리고 가정을 회복하고 치유해야 하는 기독교의 역할은 무엇인지 생각해 보기로 한다.

기독교에서는 인간존중사상을 좀 더 강조하고 실천해야 한다. 하나님께서 우리 인간 개개인을 향해 가지고 계신 목적과 계획을 알려야 한다. 인간으로서 행복을 추구하고 무한한 존엄과 가치를 지닌 존재라는 사실을 일깨워야 한다. 어린 자녀라도 독립적인 인격과 권리를 가진 인격체로서 대접받도록 교회가 나서야 한다. 그리고 아무리 부모라 할지라도 그 자녀의 생명이나 신체를 함부로 취급해서는 안 되는 것이다. 특히 부모가 처한 어려운 상황을 어린 자녀들을 향해서 표출하는 분노를 막아야 한다.

교회는 병든 가정을 치유하는 역할을 담당해야 한다. 현재 가정구성원들이 서로가 건강하지 못하고, 가족구성원들끼리도 바람직하지 못한 영향을 주고받는 경우가 많다. 부부는 부부대로, 자녀는 자녀대로 혼돈과 좌절에 빠져있으며, 부모와 자녀 간의 갈등, 청소년의 일탈, 부모의 이혼 등은 우리의 가정을 더욱 병들게 하고 있다. 이런 상황에서 기독교적인 치유작업이 본격적으로 이루어져야 한다고 본다. 예수님이 그러하셨듯이 문제를 상담하고 치유하는 상담자로서 교회가 나서야 할 상황이 되었다. 교계 차원에서 중병에 걸린 가정을 치유하고 회복하는 역할을 감당해야 한다는 것이다.

하나님께서 우리에게 부여한 가정이 건강하고 풍요롭게 될 수 있도록, 교계 차원에서 각종 프로그램을 개발할 시기가 되었다. 가족 구성원이 실제 상황에서 어떻게 대처하고, 하나님께서 제시해 주는 메시지를 어떻게 적용할 것인지를 알려주어야 한다.

특히 사회의 기초단위인 가정이 올바르지 않고서는 우리 사회가 변화될 수 없고, 또 가정이 바로 서기 위해서는 부부가 새로워져야 한다. 한편 부부의 여러 문제를 치유하는 역할은 교회의 연합체나 교계 차원에서 대처할 때 더욱 효과를 거둘 수 있을 것으로 본다.

2. 낙태와 하나님의 법

> 낙태는 살인이며 창조질서를 위배하는 일이다.
> 태아도 인간으로서 존엄과 가치를 지닌다.

낙태는 살인이며 하나님의 창조질서를 무시하는 범죄행위이다. 그러나 우리의 현실은 그렇지가 않다. 물질 만능주의가 팽배하면서 생명 특히 태아를 경시하는 세상이 되어 버렸다.

우리나라는 한 해에 150만 건의 낙태행위가 벌어지고 있고, 기혼여성의 39%가 낙태를 경험한 적이 있다고 한다. 낙태를 행하는 여성들의 종교적인 성향도 모든 종교에서 거의 골고루 나타나고 있다. 이 정도면 가히 낙태천국이라고 할 수 있을 것이다.

하나님께서 주신 생명은 잉태된 때로부터 시작되며, 태아는 인격의 근원으로서 존엄과 가치를 지닌다. 하나님의 법에 비추어 볼 때에 낙태는 절대 금지되어야 할 것이다.

우리나라 형법에서는 '자기낙태죄'를 규정하고 있는데, 부녀가 약물 기타 방법으로 낙태한 때에는 1년 이하의 징역 또는 2백만 원 이하의 벌금에 처하도록 되어 있다(형법 제269조). 또 부녀의 촉탁 또는 승낙을 받아 낙태하게 한 자도 이와 마찬가지로 처벌된다. 한편 의사, 한의사, 조산사, 약제사 등이 부녀의 촉탁 또는 승낙을 받아 낙태하게 한 때에는 2년 이하의 징역에 처한다고 하여 '업무상 낙태죄'로 규정하고 있다.

과거 인구정책에 의해서 정부가 이러한 낙태를 방조한 느낌마저 든다. 그래서 대법원 판례를 보면, 실제로 어떤 사람이 낙태 행위가 가족계획의 국가시책에 순응한 행위라고 믿고 낙태를 한 경우도 있었는데, 이런 경우도 낙태죄에 해당된다고 하여 처벌받은 적이 있다.

그러나 이러한 낙태죄의 규정이 있다 해도 피치 못할 사정에 의해 이를 용인하지 않으면 안 되는 경우가 있다. 어떠한 경우에도 낙태를 하지 못하게 한다면 불합리한 결과를 가져오는 경우가 있기 때문이다. 예를 들면 강간에 의해서 임신이 된 경우에도 낙태를 금지하여 출산을 강요하게 한다면, 태어나는 아기와 그 여성에게 너무 가혹한 짐을 지우게 하는 것이 된다.

우리 법률은 이런 경우에 '위법성조각사유'를 인정하여 제한적으로 낙태를 허용하고 있다.

즉 모자보건법은 의학적·우생학적·윤리적 이유에서 일정한 사유가 있을 때 임신한 날로부터 28주 이내에 인공임신중절수술을 할 수 있도록 규정하고 있다.

그 사유로는 첫째 본인 또는 배우자의 유전적 정신 및 신체 질환, 둘째 본인 또는 배우자의 전염 질환, 셋째 성폭행, 넷째 근친상간, 다섯째 임신부의 건강을 해칠 우려가 있을 경우 등이다.

이러한 현행법의 규정에도 불구하고 하나님은 낙태를 어떻게 생각하실까.

3. 가정폭력을 막아라.

가정폭력 장면이 방영되지 않도록 하는 것이 중요
교회, 가해자의 폭력성을 제거하는 프로그램 시급

　하늘은 한없이 푸르고 어린아이들의 웃음꽃이 피어나는 가정
의 달을 맞이했다. 그렇지만 우리 사회의 한 구석에는 가정폭력
(家庭暴力)으로 시달림을 당하는 여성과 아동들이 존재하고 있
다. 우리 사회에서 일어나는 가정폭력은 빈도와 정도에 있어서
더 이상 개인적인 일로만 맡겨두어서는 안 되는 현실이 되었고,
이제 교회와 사회 그리고 국가가 가정폭력에 적극적으로 대처해
야 할 상황이 되었다. 그래서 교회, 사회 그리고 국가에서 담당

해야 할 가정폭력에 대한 대처방안에 대해서 생각해 보기로 한다.

가정폭력에는 교회의 양적(量的) 성장에 집중해 왔던 종래 프로그램에 변화가 있어야 한다. 이제 성도들의 질적(質的) 성장을 위한 내적 치유프로그램을 확대해야 한다. 사회의 기초단위인 '가정'의 치유, 회복 등의 문제에 관심을 갖고 건강한 성도들을 양육하기 위한 프로그램을 개발해 나가야 한다.

한편 교회의 교육프로그램이 유아, 아동, 학생, 청년, 장년 등의 연령별 교육 프로그램에 치중되어 있는데, 이제 가정폭력, 이혼, 아동학대, 청소년 비행, 성폭력 등 사안별로 치유할 수 있는 프로그램으로 확대해 나가야 한다. 개별 교회에서 해결하기 어려운 가정폭력상담소의 운영이나 피해자 일시보호시설 등은 교회연합단체나 교계 차원에서 마련해야 할 것이다.

가정폭력은 우리 사회의 언론과 밀접한 관련이 있으며, TV 방송은 무의식적으로 자녀와 부모에게 많은 영향을 미치고 있다. 따라서 TV에서 방영되는 각종 폭력물 특히 가정폭력 장면이 방영되지 않도록 해야 한다. 기독교인들이 이런 폭력물 추방에 앞장서야 하고, 자녀들이 가정폭력물에 그대로 노출되게 해서는 안 된다. 왜냐하면 가정폭력물에 노출된 아이들은 폭력을 흉내내거나 어른이 되어 가해자가 될 가능성이 높기 때문이다.

국가의 가정폭력에 대한 역할이 강조되어야 한다. 현재 국가에서는 '가정폭력방지 및 피해자 보호 등에 관한 법률'과 '가정폭력범죄의 처벌 등에 관한 특례법' 등을 제정하여 가정폭력에 대처하고 있다.

이러한 법률이 있음에도 불구하고 현재 남편이나 아버지로부터 폭력을 당한 아내와 자녀가 신고를 꺼리는 경향이 있다. 왜냐하면 신고를 해서 경찰이 관여하게 된다면, 남편과 아버지가 전과기록을 가질 수 있다는 염려 때문이다. 그렇지만 가정보호사건으로 가정폭력이 다루어지게 된다면 가해자가 형사처벌을 받지 않고 전과자로도 되지 않고 있다는 사실을 기억해야 한다.

가정폭력의 가해자에게는 법원에 의해서 사회봉사활동이나 상담, 그리고 치료감호를 받도록 되어 있다. 그런데 중요한 것은 이런 봉사활동이나 상담 등 여러 가지 활동에도 불구하고 가정폭력의 근본적인 치유가 되지 않고 있다는 사실이다.

결국 교회가 가해자의 폭력성을 제거하는 치유프로그램을 마련하는 것이 시급한 것이다.

4. 신용불량을 극복하라

'신앙'을 회복하는 일이 우선 돼야
불확실성 해소하고 미래 비전 제시 절실

총선이 끝나게 되어 우리 사회의 불확실성이 상당히 제거되고 있으며, 선거결과로 나타난 분할구도는 절묘한 '황금 분할'이라고들 한다. 이제 우리 사회에 나타난 실업문제나 신용불량자 문제, 빈익빈부익부 구조적 모순 등이 해결될 수 있을 것이라는 기대와 함께 무너진 중산층의 최저생활 보장도 해결될 것이라는 희망을 가져본다.

그렇지만 여전히 신용불량자는 2004년 2월 말 현재 총 382만

명이나 된다는 통계가 있다. 그런데 문제는 교회 안에서도 상당수의 성도가 신용불량의 딱지를 달고 은행이나 카드사 채권추심 담당자들의 빚 독촉에 시달리고 있는 것을 부인할 수 없다는 것이다.

이런 상황에서 교회는 신용불량자의 회복과 함께 교회 내 '신앙불량(信仰不良)'의 상황에 놓여 있는 성도들을 찾아내어 도와야 한다. '신앙불량'과 함께 '신용불량'에 놓여 있는 사람들은 정서적으로 매우 피폐한 환경에 놓여 있는 경우가 많다. 교회가 이들을 위한 신앙회복프로그램을 제시하고 교계가 연합하여 신앙에 성숙을 가져올 수 있는 길을 제시해야 한다.

이들에게는 삶에 대한 기독교적인 신앙관과 가치관을 정립하는 것이 급선무라고 본다. 우울증세를 겪는 사람들이 늘어가고 아이, 어른, 노인 할 것 없이 차디찬 가슴에 천근만근 쇳덩어리를 안고 살아가는 사람들이 증가하고 있다. 그래서 어느 날 갑자기 약을 먹고 어디선가 죽었다는 말이 들리곤 한다. 이러한 모습이 정신적인 피폐에서 오는 것이며, '신앙불량'에서 온다고 해도 과언이 아닐 것이다. 이런 의미에서 교회는 미래에 대한 비전을 적극적으로 제시할 필요가 있는 것이다.

한편 우리 사회에 고리대금에 대한 횡포가 여전한 것을 볼 수 있다. 대부업자들이 받을 수 있는 최고금리를 연 66%(월5.5%)로 제한한 '대부업법'이 시행되었음에도 불구하고, 연금리 300~ 500%를 넘는 고금리로 서민들을 울리고 있는 것이다.

그래서 서민들이 대부업자에게 피해를 당하지 않도록 주의가 필요하다. 이런 피해를 방지하기 위해서는 무등록 대부업체는 피하는 것이 상책이고, 이자율 상한(연66%)을 초과해서 돈을 빌리는 계약을 체결했을 때는 적극적으로 불법(不法)이나 무효 (無效)를 주장해야 한다. 또 대부업자에게 개인신용정보를 광범 위하게 알려주지 말고, 최소화할 필요가 있다. 특히 가족들의 신 용정보는 알려 주지 말아야 할 것이다. 왜냐하면 차후에 채권추 심에 악용될 소지가 많기 때문이다. 대출계약서도 반드시 챙겨 서 차후에 발생할 수도 있는 분쟁에 대비해야 한다.

5. 가족해체를 예방하라

교회구제활동과 사회복지 안전망을 연계하고
실의에 빠진 사람들을 위한 상담기구 설치해야

우리 사회에 절대 빈곤층이 증가하고 있고, 파견근로, 파트타임, 아르바이트, 일용직, 임시직 등 비정규직이 증가하고 있다. 그리고 이들에 대한 차별 역시 심화되어가고 있는 형편이다. 그래서 세상을 잊어버리고 싶은 생각에 환각마약제를 복용하기도 하고, 끝내는 자살을 선택하여 영영 돌아오지 못할 강을 건너고 있다.

문제는 이런 죽음으로 파생되는 것들이 더욱 심각하게 우리 사회에 파장을 일으키고 있다는 점이다. 특히 행복하고 안락한 생활을 누려야 할 가정이 파괴되고 가족이 뿔뿔이 흩어지고 있는 상황이다. 이런 가정의 위기에서 교회는 그저 바라보고만 있어서는 안 될 일이며, 하나님께서 우리에게 주신 '가정공동체'가 무너지지 않도록 시대적인 사명에 따른 역할과 기능을 충실히 감당해야 한다.

교회는 절망감에 빠진 사람들을 위한 상담 기구를 설치하는 것이 급선무다. 실의에 빠진 사람들의 호소에 귀 기울여 주는 역할을 해야 하고 그들에게 최소한의 관심을 표시해 주어야 한다. '절망의 늪'에서 허우적거리는 사람들에 대한 관심이 필요하고, 좀 더 나가 경제적인 지원과 함께 심리적인 안정을 찾을 수 있도록 하는 교회의 프로그램이 요청된다. 이것은 교회가 연합하여 실시할 수 있고, 지역에 있는 교회들이 교파를 초월하여 함께 할 수도 있다.

기독교계에서는 가족해체가 되지 않도록 하는 프로그램을 운영해야 한다. 우선 실업(失業)으로 실의에 빠져있는 사람들, 특히 자녀가 많고 부양가족을 많이 거느리고 있는 가장들을 발굴해야 한다. 그래서 그들에게 취업에 있어서 우선권이 주어지도록 정부에 요구해야 한다. 이것을 민간부분에서 해결하기 어렵다면 공공부문에서 이들을 흡수하도록 하는 조치를 취하도록 해야 한다. 예를 들면 간병인이나 보조교사, 환경미화원이나 환경감시원, 사회복지사나 초등학교의 보조교사 등에 이들을 우선 배치해야 한다.

한편 무분별한 이혼을 막기 위한 장치가 마련되어야 한다. 현재 이혼을 하려면 법원에서 조정을 거치도록 하는 장치가 마련되어 있다. 그런데 이것은 어디까지나 이혼절차상의 문제이며, 이혼을 막기 위한 적극적인 장치는 되지 못한다. 그래서 교회에서 지방자치단체와 연계하여 이혼위기에 처한 부부들을 적극적으로 상담하고 치유하여 건강한 가정생활을 꾸리도록 도와주는 장치가 마련되어야 한다는 것이다. 교회가 따뜻한 공간을 배려해야 하고, 상처의 치유를 위한 특별한 방안을 강구해야 한다고 본다.

제9장

현대사회의 흐름에 대처하라

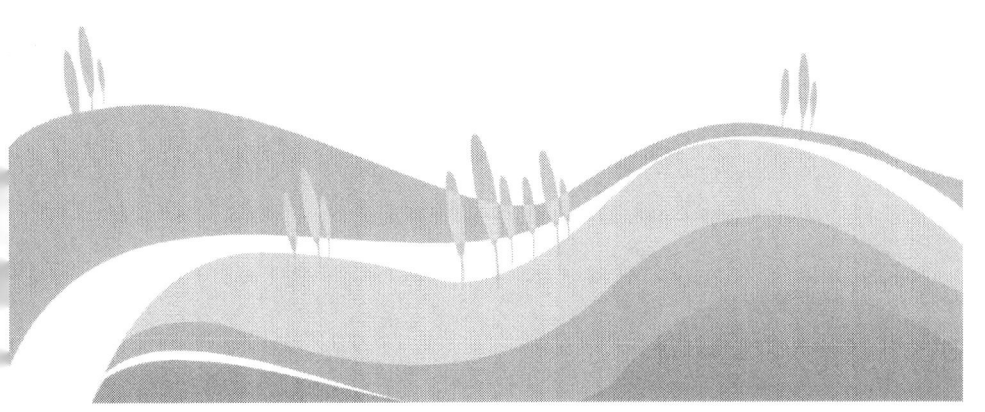

1. 인생의 주기가 변화하고 있다

> **결혼과 취업은 늦어지고, 퇴직은 오히려 빨라져**
> **교회는 사회적으로 일찍 늙는 현상에도 대비해야**

우리 인간의 수명이 변화하고 있다. 평균수명이 의학기술의
발전과 함께 계속해서 길어지고 있다. 2005년 74.8세인 남자들의
평균수명이 2030년에는 79.2세, 2050년에는 80.7세로 늘어나게 되
며, 81.5세인 여자들의 평균수명은 2030년 85.2세, 2050년 86.6세
로 올라갈 전망이라는 것이다. 우리나라는 유례를 찾기 힘들 정
도로 고령화가 빨리 진행되고 있고, 출생률도 낮아져 총 인구의
자연감소가 현실로 나타나고 있다. 그런데 문제는 이런 총 인구

의 감소 과정에서 여러 가지 문제가 나타나고 있다는 것이다.

성장 동력(動力)인 생산가능인구가 부담해야 할 사회적인 영역들이 늘어나고, 결혼이나 취업 등에도 많은 변화를 가져오고 있다.

젊은이들의 결혼 연령이나 조건에도 변화가 일어나고 있다. 그리고 아예 결혼조차도 애로를 겪을 수 있는 상황이 도래하고 있다는 것이다. 결혼 연령층(남자 26~30세, 여자 24~28세)에 속하는 인구성비가 달라지고 있는 것이 큰 문제다. 그래서 현재 고등학교 다니고 있는 남자들은 결혼하는 데 어려움이 있을 것이다. 즉 2005년 결혼연령층 인구성비는 105.0 수준으로, 여자 100명당 남자들이 105명에 달한다고 있다. 그런데 중요한 것은 이 비율이 2010년에는 120.1, 2012년에는 124.0까지 상승할 것이라는 것이다.

또 취업에 있어서도 큰 변화가 예상된다. 취업을 하지 못한 청년들이 부모들과 함께 살면서 취업이 늦어지고 있는 것이다. 그렇지만 "사오정(45세에 정리해고)", "오륙도(56세까지 근무하면 도둑)"라는 유행어가 있듯이 퇴직은 과거에 비해 빨리 이루어져서, 사회 전체적으로 빨리 늦는 이른바 조로(早老) 현상이 우리 인생의 주기(週期)에 나타나고 있다. 그래서 50대 직장인을 찾아보기 힘들다는 푸념과 함께, 기업체에서는 30대 임원이 등장하고 있다. 그런 반면에 교회에서는 장로 등을 비롯한 지도층의 평균연령이 높아져가고 젊은이들이 빠져나가고 있는 기현상이 벌어지고 있다.

이에 따라 한국교회는 인생주기의 급격한 변화와 사회적 조로현상에 심각한 문제의식을 느껴야 한다. 교회에서는 빨리 늙어지면서 나타나는 각종 사회적 병폐와 병리현상을 고쳐나가야 할것이다. 경제적인 자립과 가족의 부양에 대한 부담이 증가하면서 나타나는 심적 갈등을 교회의 각종 프로그램으로 치유해야한다고 본다.

이제 평균수명의 연장과 함께 나타날 교회의 조로 현상에 대한 적절한 해결책을 교계에서 제시해야 한다고 본다. 한편 국가는 사회복지정책을 확대하고, 출산장려정책이나 연금제도의 개선을 통해서 노후문제에 대한 걱정이 사라지도록 해야 할 것이다.

2. 주5일근무제에 대응하라

> 교회를 지역 복지나 문화공간으로 개방하고
> 도시―농촌, 협력 통해 '삶의 질'을 개선해야

'주5일근무제'는 우리 가정과 사회의 생활패턴을 바꿔 놓고 있다. 가족과 여행을 즐기며, 외식이나 레저를 즐기는 사람이 있는가 하면, 일부 직장인은 가사를 떠맡아 오히려 괴로움을 호소하는 사람도 있다. 또 어떤 직장인들은 소외계층을 위한 봉사나 자기계발을 위한 투자에도 관심을 보이고 있다. 이렇게 우리나라 전체 임금근로자와 공무원의 약 40%가 주말에 48시간 휴가를 즐길 수 있게 되었는데, 이들의 마음을 어떤 곳으로 향하게 하느냐에 따라 교회 생활에 미치는 영향력은 대단할 것이다. 그러면 한국교회는 주5일근무제에 따라 어떤 역할을 해야 할지 생각해 보기로 한다.

우선 주5일근무제는 교회가 가정사역에 관심을 갖고 이를 확대해 갈 수 있는 기회가 될 수 있다고 본다. 그동안 바쁜 일상생활 속에서 가족구성원 각자가 아버지, 어머니, 며느리, 형, 동생, 자녀 등으로서의 역할을 제대로 했는지 점검해 볼 수 있는 여유를 가질 수 있다. 또 다른 면에서는 각종 교회의 프로그램을 통해 영성을 키우는 시간들도 가질 수 있을 것이다. 그런데 여기서 문제는 이런 연휴에 따른 프로그램을 아예 준비하지 않고 있거나, 계획조차도 없는 교회가 많다는 점이다.

교회에게 이틀간의 연휴는 가정의 각종 문제를 터치하고, 가정 틈새를 메울 수 있으며, 갈라서려는 부부들에게 터닝 포인트(Turning Point)의 역할을 할 수 있는 기회가 될 수 있다. 교회가 독자적으로 운영하기 힘들다면, 여러 교회가 연합하여 부부세미나, 아버지 학교, 가족 캠프 등을 운영하는 방법도 있다. 그리고 심야기도회, 토요일모임 등을 활성화하여 교회 성장의 밑그림을 그릴 수 있을 것으로 본다.

또한 교계는 주5일근무제에 따라, 교인의 '삶의 질'을 개선할 수 있는 방안도 제시해야 한다. 활력이 넘치고 신앙생활에 보람을 느낄 수 있는 프로그램을 개발할 필요가 있다. 예를 들면 도시-농촌교회와의 연계를 통해 자연환경과 밀접한 관계를 맺을 수 있도록 주일학교 어린이대상 주말농장견학과 체험프로그램, 생명을 중시하는 프로그램 등도 구체화시켜 볼 수 있을 것이다.

주5일근무제에 따라 교회가 각종 프로그램을 마련하는 것 못지않게, 교회 건물을 지역사회에 개방하는 것도 중요하리라 본다. 그래서 지역주민들이 대형교회의 건물 일부를 문화공간으로 활용하고, 지역복지를 실천하는 공간으로 이용하도록 한다면 커다란 의미가 있을 것이다.

한편 도시와 농촌의 기독교인 상호 간에 인적 네트워크의 구성도 제안해 본다. 교회 차원의 움직임과 병행하여, 개인의 취향에 따라 농촌에 있는 특정 기독교인과 연계하여 취미와 여가를 즐길 수 있는 다양한 네트워크를 형성하는 것도 중요할 것이다.

3. 신빈곤층 증가에 주목하자

실의에 빠진 사람들에게 희망 전하고
양극화 해소를 위한 실마리 제공해야

하늘은 파랗게 빛나고 개나리꽃과 벚꽃이 활짝 펴서 이를 바라볼 때마다 하나님의 위대한 창조능력에 감탄하곤 한다. 봄이 오면 자연은 가슴을 설레게 하지만, 새 봄의 희망과는 달리 사회의 한쪽에는 양극화의 그늘에서 벗어나지 못하고, 한숨을 쉬는 사람들이 많다.

우리 주변에서 끊임없이 경제적인 고통을 당하며 도움의 손길을 기다리는 사람들에게 교회는 어떻게 응답하며 무슨 책임을 느껴야 하는 걸까?

양극화로 인해 나타나는 모든 책임을 정치권의 탓으로만 돌리고 있기에는 너무 안일한 모습인 것 같다.

나는 우리 사회의 양극화 현상에 대해 심각한 기독교계의 고민이 있어야 한다고 본다. 양극화로 인해 고통 받는 이웃들은 경제적인 어려움에 처한 빈곤층이고, 이들 빈곤층은 당장 경제적인 도움과 함께 마음의 상처를 치유받기를 원하고 있다. 과거에 빈곤층은 노인이나 장애인 등 근로능력이 없는 이들이 대부분이었지만, 요즘 신빈곤층은 일할 능력이 있고 일을 하는데도 빈곤의 늪에 빠져 있는 사람들이라는 것이 특징이다.

여기서 '신빈곤층'에 주목하고자 한다. 이들은 비정규직 근로자, 영세 자영업자, 구조조정으로 퇴출된 직장인, 가장의 역할을 맡은 여성들이고, 또 어쩌면 목회현장에서 빈곤을 경험하고 있는 목회자들일지도 모른다.

이들은 풍요를 경험해 본 사람들이 대부분이다. 그래서 심각한 생활의 어려움에 빠진 현실을 받아들이기 힘들고 이에 대처하지 못하는 경향도 나타난다. 특히 목회현장에서 어려움을 당하는 목회자들은 더욱 그러할 것이다.

이들은 노동시장의 유연성과 고용의 불안정, 산업구조의 재편 등으로 빈곤에 빠진 사람들이다. 빈곤을 경험하지 못했던 사람들이기 때문에, 이들이 빈곤에 견딜 만한 힘이 없는 점을 이해해야 하는 것이다.

기독교는 근면성실을 강조하며, 게으른 자는 개미에게서 지혜를 배우라고 가르치고 있다. 일과 직업을 통해 자신의 재능을 발휘하는 것은 하나님의 뜻을 실천하는 귀중한 방법일 것이다. 그러나 열심히 일을 하는 사람들이 일한 만큼 대접을 받지 못하고 빈곤의 늪에 빠져 있다는 점은 우려할 만하다.

따라서 일할 의사와 능력이 있으나 일터가 없어 실의에 잠긴 사람들에게 꿈과 희망을 심어주는 작업이 절실하다. 꿈을 갖고 새롭게 도전할 수 있는 용기를 심어주어야 하며, 이웃이 서로 웃고 나눔을 실천하는 환경을 형성해 나가야 한다.

교계는 양극화 해소대책을 제시하고, 하나님께서 주신 재산과 재능을 통해 부가가치를 창출해야 하며 이를 통해 일자리를 만들 수 있는 지혜를 모아야 할 것이다.

4. 남녀평등

남녀평등을 위한 적극적 조치 필요하다
여성의 잠재능력을 계발하고 지원하라

큰 아들 찬웅이는 올해 중학생이 되었다. 아들이 배정받은 학교는 남녀공학 중학교인데, 전체 학생 1300여 명 중 여학생이 860명, 남학생은 그 절반 정도인 440명에 불과해 여학생들이 상대적으로 많은 학교다.

신입생 배치고사에서 여학생들이 우수한 성적을 거두는 것을 볼 수 있고, 또 그 학교는 여자반장이 남자보다 훨씬 많다. 아들은 여성후보를 물리치고 반장으로 선출되기는 했지만, 선거 전날 같은 반에 여학생들의 숫자가 많아 자기 자신이 남학생이라는 게 은근히 걱정되는 눈치였다. 아마, 큰 애가 반장이 된 것은 선거공약중 "여학생이 살맛나는 교실로 만들겠다"는 내용이 여학생들을 공략하는 데 주효했던 것 같다.

내가 중학교를 다닐 때만 해도, 여학생들은 남녀공학으로 구성된 교실에서 주로 부반장을 하거나, 남성보조자로서의 역할을 강요받아 왔던 것으로 기억한다.

그러나 요즘 상황은 크게 변하여, 여학생들이 강한 승부욕을 가지고 학생회장선거나 반장선거에 치열하게 도전하고 있다. 각급 학교에서 성적분포를 보면 여고남저(女高男低) 현상이 나타나고 있다는 것이다.

2005년 실시된 외무고시에선 여성 합격자가 남성 합격자보다 많았고, 수석과 최연소 합격자 모두 여성 차지였다. 사법시험의 경우는 거의 매년 여성이 수석을 하고 있다. 공무원 시험에서는 이미 여성의 숫자가 남성을 월등하게 넘어 버렸다.

대학도 마찬가지다. 여학생들이 일반적으로 학점이 높고 동아리나 취직에서도 남학생보다 더욱 적극적이다. 내가 출석하고 있는 교회의 중고등부도 근래에 여성이 중고등부 회장을 하고 있는 풍조가 뚜렷하다.

그런데 교회는 이런 여성들의 변화하는 역량과 역동성에 둔감

한 것 같다. 교회는 이런 흐름을 직시할 필요가 있으며, 여성의 리더십(leadership)과 잠재능력을 계발하고 지원해야 한다. 교회 내에서의 균형과 조화를 위해서도 여성들의 변화된 역할이 중요하다.

내가 대학 강의를 할 때, "우리 사회에 존재하는 남녀 불평등 사례"를 조사해 오도록 과제를 부여하곤 하는데, 많은 학생들이 우리 가정과 사회, 특히 교회에서의 남녀불평등 사례를 지적한다. 예배의 인도나 기도를 대부분 남성 위주로 순서를 정하거나, 지도자의 대부분을 남성으로 구성하는 것 자체가 기회균등차원에서 바람직스럽지 않다는 것이다.

이제 교계에서는 여성들의 능력을 인정하고, 남녀평등을 위한 적극적 조치를 강구해야 한다.

남성우월주의를 버리고, 여성들도 교계의 지도자로 나설 수 있는 기회를 부여해야 한다. 교회의 조직이나 각종 행사에서 여성의 참여를 확대하도록 해야 하며, 성차별적 교육환경을 개선해 가도록 해야 할 것이다.

5. 인생역전

복권 열풍이 불고 있다. 인생역전(人生逆轉)을 노리며 모두들 복권에 매달려 있다. 복권 판매소마다 사람들의 발길이 이어지고 모두 들뜬 기분이다. 이 같은 열풍은 '로또 복권'때문이다. 지난주 판매된 복권에서 1등 당첨자가 나오지 않아 당첨금이 이월(移越)되었는데, 이번에 당첨되면 무려 400억 원 이상을 당첨금으로 받을 수 있기 때문이다.

이런 복권열풍에 대해서 어떻게 생각하는가? 그냥 웃어넘기기에는 심각한 수준이다. 선한 청지기를 강조하는 기독교 언론매체나 단체에서 이를 자제하자는 움직임은 별로 없는 것 같다. 주위를 둘러보면 온통 사행심(射倖心)으로 가득 차 있다. 사람들을 만나면 화젯거리가 복권이다. 복권을 사기 위해서 몰려드는 인파와 장사진도 도(道)를 지나쳐 있다.

물론 로또 복권에 대한 찬성의견이 있다. 복권판매 수익금이 공공기금의 조성에 기여하고 있고, 복권이 건전한 오락문화가 될 수 있다는 것이다.

그렇지만 복권은 사회전반에 한탕주의를 조장하고 사행심리를 부추기고 있다. 그리고 근로의욕마저 떨어뜨리게 하고 있다.

따라서 나는 복권에 대한 열풍을 인위적으로 잠재워야 한다고 주장하고 싶다. 이 열풍을 잠재우기 위해서는 우리 기독교인과 정부가 나서야 한다고 본다. 지금 불어 닥친 복권바람은 오락수준이 아니라 인생의 근간을 흔드는 폭풍이고 역기능이 강하기 때문이다.

우리 기독교인들은 '절제(節制)'의 정신을 발휘해야 한다. 오늘 주어진 삶을 감사하면서 착실하게 미래를 준비해 나가는 모습을 보여주어야 하고, 오히려 기독교인들이 건전한 복권문화 정착을 위해서 노력해야 한다.

그리고 정부 역시 복권열풍에 방관해서는 안 된다. 현재 복권에 대한 통제 기구는 마련되어 있다. 복권에 관한 통제는 국무총리 산하에 설치된 '복권발행 조정위원회'에서 하도록 되어 있다.

이 위원회는 국무조정실장이 위원장으로 되어 있고 복권 발행 감독기관의 차관 및 민간 전문가 등 17명으로 구성되어 있다. 그리고 최고 당첨금과 복권발행 물량, 복권판매 수수료 등을 규제하는 역할을 하고 있다.

1등 당첨금 이월(移越) 횟수를 2회로 제한하고 있으나 이 위원회의 조정이나 활동에만 의존하지 말고, 정부가 직접 나서야 한다. 우리 기독교인들도 건전한 문화 정착을 위해서 목소리를 높여야 한다. 복권 발행 난립을 막기 위해서 특별법이 필요하다면, 특별법을 제정해서라도 사행심을 조장하는 열풍은 차단되어야 할 것이다.

6. 상대적 빈곤

다른 사람과의 비교의식에서 불행은 시작된다
교회는 사회 안전망에서 방치된 사람들 도와야

　요즘 살기가 힘들다고 한다. 이것은 경제적인 빈곤 때문이라고 하는데, 언제부턴가 빈곤은 곧 불행이라는 등식이 우리 사회에 자리잡게 되었다. 이런 의식은 사랑과 행복으로 넘쳐야 할 교회와 가족 간에도 예외는 아니다. 그래서 생활고로 불행해진 삶을 자살로 탈출하려는 사람들이 늘어나고 있는 것이다.

　지난 반세기 전만 하더라도 지금과는 비교할 수 없이 빈곤한 생활을 하였지만 지금과 같이 불행하다고 느끼는 사람들이나 자살하는 사람들이 많지 않았다. 예전보다 경제가 나아지고 많은 사람들이 비교적 넉넉해졌지만 오히려 행복지수는 증가하지 않고 있는 것이다. 그러면 요즘과 같은 경제상황에서 그리스도의 평안과 기쁨을 누리며 감사하는 생활을 하도록 교회는 어떤 역할을 해야 하는지 살펴보기로 한다.

교회는 다른 사람과의 '비교의식'에 휩싸여 행복감을 느끼지 못하는 사람들에게 진정한 행복을 찾을 수 있는 길을 제시해야 한다. 불행을 느끼는 사람들의 대부분이 다른 사람과 수입을 비교하여 상대적인 빈곤감에 휩싸여 있는 사람들이 많다. 오직 다른 사람보다 더 많은 수입이 있어야만 직성이 풀리는 사람들에게 교회는 사회 전체를 볼 수 있는 안목을 길러주어야 할 것이다.

교회는 하나님께서 주신 안식을 얻는 노력이 부족한 사람들에게 진정한 휴식이 필요함을 제시해 주어야 한다. 앞만 보고 달리다 보면 이웃에 대한 배려나 생각은 안중에도 없게 되며, 극단적인 자살 충동 속에서도 헤어나지 못하게 된다.

하나님께서도 일주일에 하루를 안식하는 시간을 가졌듯이 우리 인간들도 쉼을 얻는 시간이 필요하다고 본다. 잠을 자지 않고 다른 사람보다 더 많은 돈을 벌기 위해서 잔업을 하고, 심지어는 잠자는 시간마저도 온갖 잡념이나 근심으로 사로잡혀서 진정한 안식을 얻지 못한 데서 불행이 시작된다고 본다.

한편 현실적으로 기초생활수급자와 같이 극빈 생활을 하지만, 법적으로는 국민기초생활보장을 받지 못하고 있는 소위 '복지의 사각(死角)지대에 놓여 있는 사람들'에 대한 교회의 관심이 절대적으로 필요하다.

이들은 국가가 정한 최저생계비(4인가족 기준 월 102만 원)보다도 적은 수입을 가지고 있지만, 몇 가지 이유로 기초생활수급자로 지정되지 못하여 여러 가지 혜택이 제외되어 있는 사람들이다. 그래서 이들은 생계·주거·교육급여·의료비 등에서 제외되어 '사회 안전망'에서 방치되어 있다. 실제로 이들은 우리나라 인구의 약 320만 명 정도를 차지하여 전체인구의 7%에 해당된다는 통계가 있다(2003년 5월 현재).

따라서 교회는 이런 사람들을 발굴하고 돕는 역할을 해야 할 책임이 있다고 본다.

7. 자 살

생명의 소중함과 존엄성을 일깨워 주고
벼랑 끝에 선 사람들에게 희망의 밧줄을

자살하는 사람이 늘어나고 있다. 경찰청 통계에 의하면, 지난 해 하루 평균 36명이 스스로 목숨을 끊었다고 한다. 정말 이러다간 자살공화국이 되지 않을까 걱정인데, 요즘 생활고와 카드 빚으로 자살을 택하는 사람들이 늘어만 가고 있다.

얼마 전에는 30대 주부가 아파트 14층에서 일곱 살, 세 살 난 두 딸을 먼저 밀어 떨어뜨리고 다섯 살 난 아들을 껴안고 투신한 사건이 있었다. "엄마! 죽기 싫어, 살려줘"라고 울며 매달린 자녀의 울부짖음이 있었다고 하는데 정말 가슴이 미어진다. 이 부르짖음은 어린애가 우리 사회와 교회를 향해 던지는 말로 받아들여야 하기 때문이다.

나는 여기서 생활고를 견디다 못해서 자살하는 사람들을 주목하며, 이들에게 기독교와 국가는 어떤 역할을 해야 하는지 생각해 보기로 한다.

첫째 교회는 생명을 소중히 여기는 인간의 존엄성과 가치를 일깨워 주어야 한다. 언제부턴가 생명보다도 물질을 우선시하는 생각들이 우리 주변에 자리를 잡았고, 그리하여 물질 때문에 자살을 택하는 사람들이 증가하고 있는 것이다. 교회에서조차 '생명'보다도 '물질'에 우선적인 가치를 두고 있지는 않은지 깊은 반성이 있어야 할 것이다. 또 어린 자녀를 자신의 소유물 정도로 생각하는 풍조도 사라져야 한다.

둘째 벼랑 끝에 서 있는 사람들에 대한 적극적인 관심과 사랑이 필요하다. 경기 침체 속에서 삶의 의미를 잃은 사람들, 절대적 빈곤층, 장기 실업자, 신용불량자 등 벼랑 끝에서 하루에도 몇 번이나 자살을 되새기는 사람들에게 교회가 다가가야 한다. 그리고 그들에게 손을 내밀고, 그리스도의 나눔의 정신을 실천해야 한다. 단순히 "자살을 하면 하나님 나라에 갈 수 없다"라는 식의 원칙론도 중요하지만, 그들에게 다가가서 실제적인 희망의 밧줄을 던져주는 역할이 더욱 강조되어야 하는 것이다.

셋째 생활고에 시달리는 사람들에게 국가가 나서야 한다. 현재 국가적인 차원에서 사회보험, 국민기초생활보장과 의료보호, 긴급구호 등 '사회적 안전망(Social Safety Net)'이 마련되어 있다. 그런데 문제는 이러한 사회적 안전망에 구멍이 뚫려 있어 정작 필요한 사람들이 혜택을 받을 수 없다는 점이다. 하루빨리 사회적 안전망을 점검해서 벼랑에 선 사람들에게 희망을 주어야 한다.

차제에 교계에서도 벼랑 끝에 몰린 사람들의 얘기를 들어 줄 수 있는 최소한의 '상담소'를 설치해야 하고, 그들에게 최저한의 생활자금을 대부하거나 지원할 수 있는 일정한 '기금'도 마련해야 할 것이다. 그리고 일시적으로 아이를 보호하는 '육아시설'도 만들어서 빈곤층을 도와주도록 지역사회와 연계된 네트워크가 형성되어야 할 것이다.

제10장

교회생활에는 전략이 필요하다

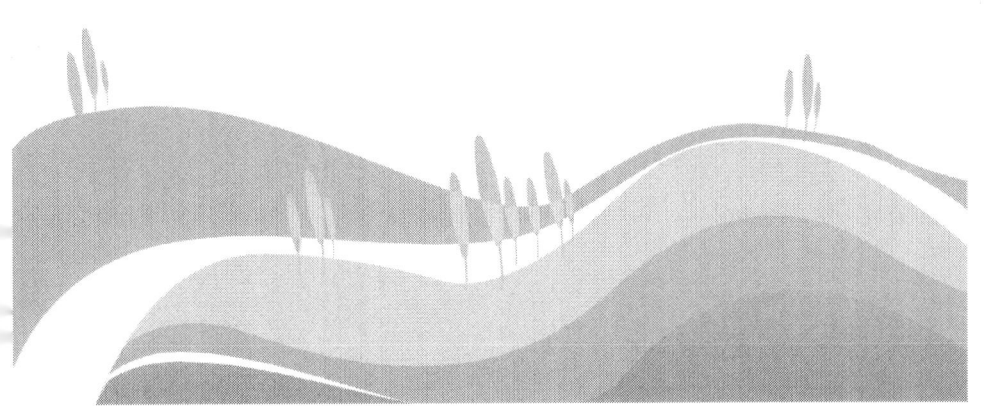

1. 전도는 블루오션 전략

교회마다 출혈경쟁 전도 방식보다
지역에 새로운 전도시장 개척 중요

　교회 사역자의 고민은 교회 성장이다. 어떻게 하면 교회를 건강한 교회로 성장시키며, 안정된 목회를 할 것인지를 항상 염두에 두고 있다. 나 또한 교회 중고등부를 맡고 있지만 학생들의 지속적인 성장에 신경을 쓰고 있다.

　그렇지만 요즘 추세가 성장은커녕 오히려 성장이 둔화되고 출석하는 교인조차 유지하기가 힘들다. 이런 일은 외국 선진 교회에서도 이미 경험한 일이었다. 유럽이나 미국에서도 일인당 국민소득이 10,000불을 넘어서면서 교회가 쇠퇴하기 시작했었다고 한다.

전도는 그 어떤 일보다도 우선되어야 하고, 교회의 온 힘을 집중해야 할 일이다. 이 일을 위해 교회는 평신도의 사역이 중요함을 깨달아야 할 것이다. 평신도들의 전도훈련을 통해 평신도들이 가진 은사를 최대한 활용하도록 해야 한다.

앞으로는 평신도들을 어떻게 예수님의 제자화하느냐에 따라 교회의 성장이 좌우될 것이다. 평신도를 통해 우리 사회를 변화시킬 역량을 키워야 하고 사회의 여러 부문에서 리더십을 발휘하도록 해야 하는 것이다.

평신도는 우리 사회를 변화시킬 원동력이며, 교회를 받치고 있는 커다란 기둥이다. 평신도의 체계적인 교육 없이는 교회의 성장은 기대하기 힘들 것이다. 평신도의 인격에 변화가 일어나도록 하는 적절한 교육의 확대가 필요하다.

특히 교회 간의 경쟁이 가속화되고 있는 현실이다. 교회건물을 크고 웅장하게 지어 놓고 사람들을 찾아가는 교회들이 늘고 있다. 상대적으로 작은 교회 건물을 가진 교회는 교인들을 빼앗기지 않기 위해 힘을 쏟고 있다.

이것은 오늘날 유행하는 레드오션 전략과 매우 흡사하다. 즉 수많은 기업이 한정된 시장에서 '죽기살기식'으로 싸움을 벌이고 있듯이, 교회 역시 전도시장에서 출혈경쟁을 하지는 않고 있는지 생각해 볼 대목이다.

이제 교회마다 특성을 가진 전도전략을 구사할 필요가 있다고 본다. 나는 교회의 성장을 위해 '블루오션 전략(Blue Ocean Strategy)'이 채택되기를 바란다. 이것은 아주 생소한 개념이지만 이미 기업체나 관공서에서는 이런 전략을 연구하고 실제 응용하고 있다.

블루오션 전략은 다른 교회와의 경쟁에서 이기기보다, 새로운 전도시장이나 전도대상자를 찾으라는 의미이다. 다양한 전도 상품이나 여러 가지 사회봉사 활동으로 해당 교회의 가치를 높이고 전도비용은 낮춰 더 큰 전도시장을 장악하라는 것이다.

교회가 지역사회에서 필요한 새로운 아젠다(의제)를 설정하고 차별적인 전도방식을 채택해야 할 것이다.

전도를 하는 데 있어 다른 교회와의 경쟁을 의식하지 말고 출혈 없는 전도시장(푸른 바다)을 확보해 나가자.

그래서 예수님의 푸른 계절이 오도록 하자.

2. 자원봉사에 적극적으로 참여하라

> 봉사자 특성을 살린 프로그램 운영하고
> 이웃과 함께 하나님의 사랑을 나누어야

요즘 학생을 비롯하여 공무원, 회사원, 청년, 노인, 여성 등 각 계각층에서 자원봉사활동이 활발하다. 교회 역시 자원봉사에 대해 관심을 갖고 또 이를 실천해야 한다는 목소리가 높다. 왜냐하면 교회의 인적자원은 어느 조직보다도 풍부하고, 그리스도의 사랑을 바탕으로 한 봉사활동을 쉽게 실천할 수 있는 특성을 갖고 있기 때문이다. 그렇지만 실제로 교회의 사회봉사활동에 대한 참여도는 기대에 훨씬 미치지 못한 현실이다. 나는 교회 자원봉사활동이 활성화되길 기대하며, 그 활성화 대책을 생각해 보기로 한다.

우선 자원봉사 활성화를 위해 교회지도자들의 관심이 확대되어야 하고, 이들에게 자원봉사에 대한 적극적인 자세를 유도해 나가야 한다.

교회가 선교와 함께 자원봉사·구제사업에 대한 인식을 전환할 시점이 되었고, 자원봉사에 대한 정보제공, 교육, 훈련, 관리 등에 있어서 뭔가 구체적이고 체계적인 사회봉사활동 전담 기구를 설치할 필요가 있다고 본다. 이런 기구설치는 여러 교회가 연합사업으로 함께 설치 운영할 수 있을 것이며, 지역자치단체와도 협력하여 사업을 전개할 수 있을 것이다.

또 교회는 사회봉사에 대한 인식을 변화시켜 주고 자원봉사자들의 특성을 살린 프로그램을 운영해 나가야 한다. 여기서 무작정 봉사활동만을 강요하기보다는 봉사활동에 참여하는 사람들에 대해 교회재정으로 최소한의 식사비와 교통비 등을 제공하며, 재해에 대비할 수 있는 '상해보험' 등에 가입해 주는 것이 좋다. 만일 교회의 재정이 넉넉지 않다면 지방자치단체 자원봉사센터와 연계하여 상해보험 가입이나 각종 봉사활동에 필요한 지원을 받을 수 있을 것이다.

중학생인 큰아들은 시청의 '청소년자원봉사단'에 가입하였는데,

가입하자마자 상해보험 가입의 혜택은 물론 각종 자원봉사정보를 수시로 알려주고, 봉사활동시간을 계량화하여 학교에도 통보해 주는 것을 볼 수 있었다.

이제 교회가 나서야 한다. 교회가 재정이나 공간이 협소하다는 이유를 내세워 봉사활동을 회피해서는 안 될 것이다. 교회가 가진 인적자원과 재정, 공간만으로도 얼마든지 가능하다고 생각한다.

한편 기독교계는 자원봉사활동의 체계적인 참여에 관심을 가져야 한다고 본다. 교회의 자원봉사 참여를 유도하기 위해 자원봉사활동 모범사례를 발굴하고, 기독교 교육기관에 자원봉사활동 관련 교육과정을 신설하는 등 이웃과 더불어 하나님의 사랑을 나누는 계기를 확대해 나가야 할 것이다.

3. 평신도는 창조사역의 동역자

> **역동성 발휘할 수 있게 전문화된 교육 필요**
> **평신도의 다양한 의견 교계정책에 반영해야**

평신도(平信徒)의 역할이 커지고 있다. 교회뿐만 아니라 직장, 학교, 사회단체 등 우리 사회 곳곳에서 평신도가 빛을 발하며, '하나님 나라'를 확장해 가고 있는 것이다. 평신도들은 교회학교 교육, 성가대, 남(男)선교회, 여전도회, 장로회 등 각종 연합조직과 단체에서 예수의 제자로서 삶을 살고자 한다.

그렇지만 과거에 비해 우리 사회가 다양화되고 복잡하게 됨에 따라 교회 내에서 평신도의 기능이나 역할도 수정되어야 할 것 같다. 대부분의 평신도가 개 교회 중심의 활동과 교파주의 물결에 휩싸여 헤어 나오지 못하고 있다. 작은 시야에 눈이 가려 역사와 세계를 바라보지 못하고 폭넓게 세상을 보지 못한 점에 대한 반성이 있어야 할 것이다. 교회에서 봉사를 하면서도 개 교회 출석교인 수를 중시하고, 이러한 성장이 신앙의 전부인 양 생각하는 오류를 범하고 있다. 그리스도의 충성된 제자로서의 삶과 변화된 생활에 중점을 두기보다는 업적과 물량에만 관심을 가져왔던 것을 회개해야 한다. 이것은 먼저 우리 평신도가 성서를 올바로 이해하지 못한 무지에서 나왔고, 성직자의 개 교회 중심 철학에서 비롯된 것일 수도 있다.

성직자와 평신도, 이들 두 그룹을 구별하거나 계급처럼 따지는 것은 아니지만, 과거 평신도들은 주로 성경의 가르침을 받는 대상이었고 주로 헌금을 내도록 하는 '의무'를 부과받았는데, 특히 중세시대에 이런 현상이 심했다. 어쩌면 평신도들은 성직자에 비해 하나님의 사업에 적극적이지 못하고, 수동적인 역할에 머물러 있는 것도 여기에서 비롯된 것일 수 있다.

평신도는 하나님께서 구별하여 세우신 목사(牧師)를 '스승'으로 섬기며 존경하고 있다. 그리고 성직자와 평신도가 '함께 손을 잡고 하늘나라를 향해 걷는 것'은 하나님이 원하시는 뜻이다. 성직자와 함께 걸으며 기쁨과 슬픔, 외로움, 좌절, 고통, 용기, 희망 등을 함께 경험하며 하나님의 사업을 위해 서로 머리를 맞대는 것이 하나님 보시기에 정말 아름다울 것이다. 외로운 순례자의 길을 가지만, 성직자와 평신도가 함께 짐을 나눠질 때 서로에게는 커다란 힘이 되고 기쁨이 될 것이다.

그동안 한국교회에 내려주신 하나님의 축복은 구원의 은혜와 더불어 교회의 성장, 풍성한 물질이라고 할 수 있다. 그러나 풍요로움 속에서 성령의 은사를 사모하고 열정적으로 매달렸던 지난날들을 잊어버리지는 않았는지 되돌아볼 일이다. 아직도 우리 주변에는 평신도의 도움을 필요로 하는 사람들, 절망의 늪에서 신음하는 사람들이 많다는 것을 기억해야 한다. 그래서 평신도는 교회에서 현실에 안주하기보다는 좀 더 냉철하게 현실의 문제를 직시하여, 그 해법을 제시해야 한다. 그러면 이러한 해결의 실마리를 제공해 줄 수 있는 평신도의 역할과 기능을 생각해 보기로 한다.

첫째, 평신도가 직장과 사회를 변화시키며 한국사회의 발전적 혁신과 변화를 이끄는 중심축이 되어야 한다. 이를 위해 평신도 훈련이 본격적으로 이루어져야 한다. 교회 내의 각종 평신도 훈련은 물론이며, '아버지학교'를 비롯한 '어머니학교', '결혼예비학교', '직장선교대학' 등 평신도모임을 주축으로 한 제자화 훈련이 강화되어야 한다. 평신도가 역동성을 발휘하도록 교육을 전문화·체계화 하여야 하며, 평신도의 훈련을 평생 지속적으로 관리할 수 있는 프로그램도 교계 차원에서 연구되어야 한다고 본다. 그래서 끊임없는 평신도의 훈련과 교육, 자발적인 헌신과 섬김, 가정과 직장의 변화 등을 유도해 나가야 한다.

둘째, 여성의 지위를 향상시키고 잠재적 능력을 발휘할 수 있도록 양성평등에 대한 문화를 정착시켜 나가야 한다. 평신도의 다수를 차지하고 있는 여성에 대한 이해와 배려가 확대되지 않고서는 사회의 발전과 교회의 변화를 기대할 수 없다. 그동안 여성이 남성의 보조적인 역할에만 머물러 왔던 상황을 개선시켜야 하며, 여성의 특성이나 역할에 맞게 교회 환경을 변화시키고, 교회 내에서 여성의 태도 역시 능동적이고 적극적인 모습으로 바뀌어야 한다. 이를 위해 교회 내에 존재하는 각종 차별요소들을 찾아내어 시정해 나가는 한편, 여성도 자신의 능력을 발휘하여 하나님을 섬기고 사회에 봉사할 수 있도록 해야 한다.

셋째, 평신도는 그리스도의 나눔과 섬김을 기초로 자원봉사활동을 확대해 나가야 한다. 평신도가 교회 내의 구제사업에만 머물 것이 아니라, 우리 사회의 약하고 가난하고 소외된 자, 장애인, 실업자, 가정폭력피해자, 노인, 미혼모 등을 향해 눈높이를 낮추고 그들의 외침에 응답할 줄 알아야 한다.

넷째, 가정에 충실하며 지역사회의 변화를 꿈꾸는 평신도가 되어야 한다. 모든 출발은 가정에서부터 시작된다. 가정의 행복이 사회에 웃음을 가져다주고, 가정의 화목이 교회의 성장에 영향을 미치기 때문이다. 가정이야말로 축복의 통로가 되고, 하나님 나라를 확장시켜가는 제도이며, 평신도의 사역을 뿌리 내리게 하는 토대가 되는 것이다. 이를 위해 가정예배를 회복하고, 인간으로서의 기본적인 양심을 지키며 진정한 행복과 가치를 배워가는 노력이 중요하다. 신앙의 진정한 성공과 부부의 순결한 삶을 통해 가정이 변화되도록 해야 한다.

이와 같은 역동적인 평신도가 되기 위해서 성직자와의 동역관계가 이루어져야 한다. 평신도가 성직자와 신앙적 유대감을 갖고 교회성장을 주도하고 사회변화를 꾀하도록 해야 하는 것이다.

한국교회가 그동안 성직자의 역량과 역할을 중요시 해 왔고, 성직자의 철학과 이념에 의존했던 소위 '성직자 의존형' 평신도가 많았음을 고백하지 않을 수 없다. 성직자의 절대적 권위와 목회자 중심의 교회보다, 평신도의 역할과 활동이 중시되어야 한다. 목회자의 '절대적인 권위'보다는 서로가 함께 협력하는 '파트너십(Partnership)'이 강조되어야 한다고 본다. 그리고 성직자가 평신도를 '협력적 동반자' 또는 '창조사역의 파트너'로 여기는 자세가 중요하다.

아울러 기독교계는 성직자가 평신도와 함께 목회비전을 공유할 수 있는 열린 장(場)을 마련해야 한다. 또 평신도의 다양한 의견을 교계정책에 반영하며, 교계의 각종 정책을 집행하고 평가하는 데 평신도가 참여할 수 있는 시스템을 구축해야 할 것이다.

4. 지역주민과의 갈등을 해소하라

주민들을 이해하고 설득하는 전략 중요
교회신축에 주민들의 협력을 유도하라

최근 교회 건축의 증축이나 신축이 늘어나면서, 지역주민들과의 갈등이 일어나고 있다. 교회가 지역사회를 복음화하고 효율적인 선교를 위해 교회건물을 신축하고 증축하는 것은 불가피한 것이며, 오히려 지역사회에 긍정적인 역할을 할 수 있음에도 불구하고, 일부 지역민들에게는 커다란 부담으로도 작용하고 있는 것 같다.

이처럼 교회 신축과 증축이 지역사회와의 갈등을 빚으며 지역

주민의 반대에 부딪치는 이유는 무엇보다도 '교회 주변의 땅값이 하락하지나 않을까' 하는 주민들의 이기심(利己心)이다. 교회가 커지고 건물이 높이 올라가면서 소음이 커지고, 인근 주택이 일조권이나 조망권이 침해되어 결국 부동산의 가치가 떨어진다는 것이다. 그래서 주택인근에 대형교회 건물이 신축되면 일조권·조망권이 침해된다며, '건축공사금지 가처분 소송'이 제기되기도 한다. 왜냐하면 햇볕을 쬘 수 있는 권리인 '일조권(日照權)'이나, 산과 바다의 전망을 멋지게 바라 볼 수 있는 권리인 '조망권(眺望權)'은 현재 거주하고 있는 자에게 인정되는 생활상의 권리로 해석되고 있기 때문이다.

또 교회신축을 반대하는 것은 지역 이기주의인 님비(Not In My Back Yard) 현상에서 비롯된다. '자기 집 뒤뜰에는 안 된다'는 의식이 교회는 물론 장애시설이나 아동보호시설, 사회복지시설 등의 건립의 경우에는 더욱 그렇다. 핵폐기물 설치장, 쓰레기 처리장, 납골당, 공동묘지 등이 지역에 들어설 때마다 지역 주민들이 집단적으로 반대하듯이 교회신축 역시 별로 환영받지 못하는 일이 되고 있다.

그럼 어떻게 이런 지역주민들과의 갈등을 해결할 것인가?

우선 교회가 지역주민들과 함께하고 그들을 배려하는 지혜가 필요하다. 예를 들면 교회를 신축할 때 일정한 방음시설을 갖추어 인근 주민들의 수면권이 침해되지 않도록 하는 것도 될 수 있고, 평일에 주차장을 개방해서 부족한 주차시설에 대한 편의를 제공하는 것도 주민들의 협력을 이끌어 낼 수 있는 요소가 된다.

또 교회가 지역사회의 요구를 수용해야 할 것이다. 지역복지와 사회봉사, 복지선교 등에 관심을 갖고 교회시설의 일부를 지역민들도 적절하게 사용할 수 있는 방법을 모색해야 한다.

교회 신축으로 지역민들과의 갈등이 유발될 가능성이 있을 때에는 지역주민들을 설득하는 노력도 병행되어야 할 것이다. 지역주민과의 반목과 대립은 지역선교를 담당할 교회로서도 결코 유리하지만은 않기 때문이다.

찾아보기

· 저자 ·

박동명   · 약 력 ·

광주대동고교, 조선대학교 법학과 졸업
전남대학교 대학원 졸업(법학박사학위 취득)
현재 광주광역시청 근무(입법정책연구)
민주평화통일자문회의 자문위원
광주대학교 겸임교수
전남대학교 및 조선대학교 강사
대통령직속 여성특별위원회 강사
CBS광주방송 고정출연(법률해설, 미디어비평)
PBC광주평화방송 고정출연(논평)
무등일보 칼럼필진 및 편집자문위원
현대생활법률연구소장
광주전남 민주언론시민연합 의장

· 주요논저 ·

「즐거운 법률여행!」
「현대생활과 법률의 이해」
「여성과 법률」
「클릭! 가정법률」
외 다수

가정은 축복의 통로

· 초판 인쇄	2007년 5월 1일
· 초판 발행	2007년 5월 1일
· 지 은 이	박동명
· 펴 낸 이	채종준
· 펴 낸 곳	한국학술정보㈜
	경기도 파주시 교하읍 문발리 526-2
	파주출판문화정보산업단지
	전화 031) 908-3181(대표) · 팩스 031) 908-3189
	홈페이지 http://www.kstudy.com
	e-mail(출판사업부) publish@kstudy.com
· 등 록	제일산-115호(2000. 6. 19)
· 가 격	12,000원

ISBN 978-89-534-6705-7 93070 (Paper Book)
      978-89-534-6706-4 98070 (e-Book)